Leo Strauss

레오 스트라우스 / 박성우

<컴북스이론총서>는
현대를 호흡하는 사상가들을 소개합니다.
단순한 사상의 축약, 해세가 아닙니다.
해당 사상가를 연구해 온 전문가가 직접
사상가의 핵심 키워드 10개를 뽑아 해설하고 비평합니다.
인간과 비인간, 현실과 가상, 문화와 야만의
경계를 넘나드는 모든 사상을 싣겠습니다.
오늘을 살아가는 모든 이의 나침반이 되겠습니다.

컴북스이론총서

레오 스트라우스

박성우

대한민국, 서울, 커뮤니케이션북스, 2024

레오 스트라우스

지은이 박성우
펴낸이 박영률

초판 1쇄 펴낸날 2024년 11월 14일

커뮤니케이션북스(주)
출판 등록 제313-2007-000166호(2007년 8월 17일)
02880 서울시 성북구 성북로 5-11
전화 (02) 7474 001, 팩스 (02) 736 5047
commbooks@commbooks.com
www.commbooks.com

ISBN 979-11-7307-359-5 04160

책값은 뒤표지에 표시되어 있습니다.

진정한 정치철학을 향한 여정

21세기 들어 미래 세계에 대한 공포와 불안이 가중되고 있다. 9·11 이후 테러의 위협이 상존하고, 러시아-우크라이나 전쟁, 하마스-이스라엘 전쟁을 비롯해 국지전이 끊이지 않고 있다. 언젠가 세계가 미·중 패권 경쟁에 휘말려 세계 대전을 치르거나, 종교적 근본주의가 또다시 세계를 경악시킬 만한 일을 벌일지 모른다는 불안감이 어른거린다. 기후변화 대응, 빈곤 퇴치, 인권 신장, 팬데믹 대비 등 글로벌 차원의 협력이 절실한 상황에서 자국 중심주의와 국가 이기주의는 오히려 강화되고 있다.

그런가 하면 최근 민주주의의 후퇴를 우려하는 목소리가 높다. 정치적·경제적 양극화가 심화하면서 공공선을 위한 정치는 어디론가 사라지고 파당적 이해관계만 부추기는 대중영합주의자가 세계적으로 기승을 부린다.

한편 4차 산업혁명 역시 기술 부문뿐 아니라 정치, 군사, 외교, 경제, 윤리 등 그야말로 인간사의 모든 영역에 새로운 도전을 제기하고 있다. 정치 영역만 보더라도 AI 등 신기술을 통한 지식의 생성과 유통은 여러 면에서 유용하지만 동시에 허위 정보를 더욱 그럴듯하게 조작해 유포할 수 있다는 우려를 낳는다. 이미 AI로 이미지와 음성을 합성해 타국 선거에 불법적으로 개입한 사례가 보도되기도 했다. 이제 신기술을 활용한 탈진실(post-truth)이 정치 과정에서 활개 치는 현실은 상수가 되어 버렸다.

사회에 대한 불안과 불만이 고조되고 미래에 대한 불확실성이 만연할 때, 우리는 사회 전체의 문제를 진단하고 세계가 나아갈 방향을 제시하는 안내자를 필요로 한다. 다가올 미래를 남보다 먼저 내다보고, 경쟁에서 승리할 방법을 알려 줄 전략가를 말하는 것이 아니다. 전략가는 개개인 혹은 개별 국가 차원에서 단기적 이익을 가져다줄지 모르지만, 현 상황에 대한 총체적인 진단을 내리지 못한다. 세계 전체가 어디로 향하고 있는지, 그 방향성은 바람직한 것인지, 만일 바람직하지 않은 방향으로 가고 있다면 개선될 여지는 있는 것인지 등을 진단하려면 사회와 세계의 방향성에 대해 가장 포괄적이고 장기적인 안목, 특정 시대와 특정 장소를 초월하는 보편적 식견을 갖고 있어야 한다.

누가 이러한 능력을 갖추고 있는가? 레오 스트라우스(Leo Strauss, 1899~1973)는 주저 없이 정치철학자를 지목한다. 스트라우스는 수천 년 전부터 인류가 정치 공동체 안에서 지적 활동을 개시한 이래 정치철학이 공동체에 벌어지는 인간사(人間事)와 관련해 가장 포괄적이고 보편적인 지혜를 추구해 온 학문이라고 이해한다. 스트라우스의 정치철학은 오늘날의 이해와는 사뭇 달라 보인다. 오늘날 정치철학은 주어진 정치적 문제에 대해 철학적(이때 철학적이란 주로 분석적인 것을 의미한다) 방법을 동원해 사유하는 활동, 혹은 사고 실험을 해 보는 활동으로 이해되는 경향이 강하다. 스트라우스는 이러한 정치철학이 정치철학 본연의 역할에서 멀어졌다고 신랄하게 비판한다.

스트라우스는 인류의 전 역사에 걸쳐 보편적 지혜를 추구해 온 정치철학 본연의 역할을 되살려야 한다고 역설한다. 스트라우스에 따르면 본래 정치철학의 역할은 공동체 안에서 옳고 그름을 판명할 절대적 기준을 제공하는 것이었다. 정치철학에 대한 현대적 이해는 이러한 역할을 망각하고 있다는 것이 스트라우스의 진단이다.

어느 사회나 옳고 그름에 대한 판단 기준은 갖고 있다. 반인륜적 범죄를 저지른 나치 정권도 예외가 아니다. 문제는 그 기준이 얼마나 보편적 가치에 부합하는가에 있다. 스트라우스는 정치철학이 부재한 사회는 집단적 편견이나 오류를 비판할 능력도 상실한다고 주장한다. 스트라우스에 따르면 오로지 정치철학만이 옳고 그름의 보편적 기준을 확립할 수 있다.

스트라우스는 제2차 세계대전 전후부터 냉전기에 이르기까지 미국 정치학계를 풍미했던 정치철학자다. 오늘날의 시대적 상황과는 상당한 거리가 있는 인물이나, 스트라우스가 역설하는 정치철학의 역할은 우리 시대가 요하는 그것과 크게 다르지 않다. 전쟁, 불평등, 경제 위기, 인권 말살, 팬데믹, 기후변화, 민주주의 후퇴 등 우리 앞에 놓인 현안들은 모두 단기적인 해결책을 넘어 무엇이 근본적으로 옳은 방향인지를 묻고 있다. 보편적이고 절대적인 기준을 천착하는 스트라우스 정치철학이 어느 때보다 절실한 상황이다.

스트라우스는 누구인가

레오 스트라우스는 1899년 독일의 작은 마을 키르히하인(Kirchhain)에서 태어나 유대인 교육을 받았다. 10대 후반 정치적 시오니즘에 가담했으나, 마르부르크대학교에서 공부를 시작한 이래 현실 정치에 관여하지 않았다. 대학교에서는 신칸트주의자이자 유대인 철학자였던 헤르만 코엔(Hermann Cohen)을 사사했고, 1921년 함부르크대학교에서 에른스트 카시러(Ernst Cassirer)의 지도 아래 박사 학위를 받았다. 또한 당대 현상학으로 위세를 떨쳤던 에드문트 후설(Edmund Husserl)과 마르틴 하이데거(Martin Heidegger) 등의 영향도 받았다.

박사 학위 취득 후에는 유대인 후원 과학 아카데미에서 연구 활동을 했으며, 1932년 카를 슈미트(Carl Schmitt)의 도움으로 록펠러재단의 지원을 받아 토머스 홉스(Thomas Hobbes)의 정치철학을 연구했다. 또한 1935년에는 중세 유대인 철학자 마이모니데스(Moses Maimonides) 연구를 중심에 둔 ≪철학과 법(Philosophie und Gesetz)≫을 출판했다.

미국 망명 후 1937년 컬럼비아대학교에서 강의를 시작했고, 이듬해부터 뉴스쿨(The New School)에서 약 10년간 강의했다. 이후 1949년부터 1967년까지 약 18년간은 시카고대학교에서 줄곧 정치철학을 강의했다.

정치철학과 정치사상 분야에서 스트라우스의 영향력과 유산이 막대함은 의심의 여지가 없다. 특히 정치와 철학의 갈등, 이성과 계시의 화해 불가능성, 근대정치철학의 타락 등 서양 정치철학 전체를 관통하는 근본 문제를 파헤쳤다고 평가받는다. 반면 비판자들은 스트라우스 정치철학을 네오콘과 같은 특정 정치 세력과 연결 지으며 당파적이고 편협한 학문으로 규정한다. 스트라우스는 학계는 물론 미국 정치, 특히 신보수주의 외교 정책 노선에 커다란 영향을 끼쳤다고 평가받는다. 그러나 스트라우스가 현실 정치에 끼친 영향력이 그의 정치철학적 의도와 일치하는지는 다분히 의심스럽다.

스트라우스를 따르는 일련의 학자들은 '스트라우시언(Straussian)'이라고 불리며, 정치사상사를 보는 시각과 정치사상 연구 방법론에서 독특한 학풍을 형성했다. 현재는 스트라우시언 3세대가 활동하고 있다. 스트라우스가 죽은 지 50년이 지난 현시점에 그의 정치철학의 중요성은 오히려 한층 부각되고 있다. 스트라우스에 대한 대중적 평가는 부침을 반복해 왔으나, 학술적 평가는 정치학과 정치철학 분야를 넘어 고전학과 문학 영역에까지 확장되는 추세다.

정치철학의 역할 재정립

스트라우스는 한 번도 현실 정치에 직접 가담하거나 그에 대한 논평을 낸 적 없는 정치철학자다. 그러나 스트라우스는 어느 누구보다 현실의 시대적 요청을 의식한 인물이다. 냉전기 공산주의의 위협과 자유주의의 위기를 직시했고,

대학에서는 실증주의의 과도한 영향력을 강하게 비판했다. 스트라우스가 다른 정치철학자와 구별되는 가장 두드러진 특징은 그의 현실 진단이 대단히 포괄적이고 거시적인 맥락에서 이뤄졌다는 점이다. 스트라우스는 자유주의의 위기를 진단할 때 17세기부터 전개된 역사주의와 실증주의의 문제를 지적했고, 나아가 근대정치철학 전체의 '타락'을 그 배경으로 파악했다. 한편 정치철학의 역할을 규정할 때는 소크라테스에게서 출발한 몇천 년을 거슬러 올라가 고전정치철학의 맥락을 주목했다. 스트라우스가 지나치게 사변적이라는 비판을 감수하면서도 이처럼 과거 정치사상사의 맥락에서 문제를 천착했던 이유는 정치적 삶을 근간으로 하는 인간사의 기본 원리가 본질적으로 변하지 않는다고 가정했기 때문이다.

스트라우스는 자신이 속한 20세기 중반의 상황을 자유주의뿐 아니라 서양 문명 전체의 위기, 나아가 인류 전체의 위기로 규정한다. 그럼에도 어떤 학문도 위기에 대한 근본적인 진단과 처방을 내리지 못하고 있다고 개탄한다. 특히 정치철학이 그 역할을 담당해야 함에도 불구하고, 근대 이후 방법론의 포로가 되어 본래의 임무를 망각했다고 주장한다. 스트라우스는 이러한 정치철학에 새로운 활력을 불어넣고 정치철학 고유의 임무를 회복하는 것을 생애의 목표로 삼았다.

정치철학이 그 본연의 임무를 망각한 것이 문제라면, 그 해법은 정치철학 내부에서 찾아야 한다. 스트라우스가 지적했듯 근대 이후 전개된 정치철학의 전통 전체가 문제라면, 근대정치철학 전체를 재검토해야 한다. 정치철학의 궁극적 목표가 실천적 기여임은 부인할 수 없다. 그러나 스트라우스는 우선 학문의 내적 문제를 해결해야 한다고 봤다. 스트라우스가 정치철학의 실천적 기여를 긍정적으로 평가하면서도 평생 대학 안에서만 분투할 수밖에 없었던 이유가 여기에 있다.

고전정치철학으로의 회귀

정치철학 본연의 역할을 회복하는 것은 근대정치철학의 전통이 이미 오랜 시간 군림해 온 현실에서 대단히 어려운 과제다. 스트라우스에 따르면 근대정치철학의 전통은 이성, 계몽, 진보, 자연권, 자연법, 사회계약, 국가이성 등의 교리(doctrine)에 의존한다. 이러한 근대적 교리에 무슨 문제가 있단 말인가? 스트라우스는 근대적 교리 자체가 문제라기보다 그것을 교조적으로 받아들이는 일이 문제라고 지적한다.

근대적 교리를 교조적으로 받아들인다는 것은 모든 문제 해결의 최종 기준으로 근대적 교리만을 내세운다는 것을 의미한다. 예컨대 인간 자유의 의미가 근대적 교리 안에서 어떻게 전개되고 있는지 따져 보자. 개인의 자유는 근대인이라면 누구나 추구하는 가치다. 그런데 개인의 자유 하면 우리는 무엇을 떠올리는가? 교육을 받은 사람들이라면 근대 사회계약론자들, 즉 홉스나 로크와 같은 사상가들이 제시한 자연 상태에서의 자유를 연상한다. 이들 사상가에 따르면 개인은 자력으로는 자유를 온전히 누릴 수 없기 때문에 사회계약을 맺고 제한된 범위 안에서 자유를 향유해야 한다. 이 자유는 물론 공동체 안에서의 자유를 의미한다. 그러나 공동체 안의 자유는 인간의 이기적 욕구 때문에 쉽게 달성되지 않는다. 따라서 근대정치철학은 공동체 생활이 어째서 개인에게도 유리하고 유익한지를 '이성적으로' 설득하고 이를 교리로 만든다. 근대정치철학에 의해 만들어진 교리는 이성적 설득이라는 측면에서 상당한 효과를 발휘한다. 그러나 스트라우스는 그 교리가 인간과 국가를 이성적으로 이해하길 거부하는 사람들, 예컨대 신적 계시로 인간의 자유와 국가 그리고 세계를 이해하려는 사람들에게는 설득력이 없다는 점을 지적한다. 어찌 보면 스트라우스는 21세기의 '탈세속화' 문제를 일찌감치 예견한 셈이다.

스트라우스는 근대정치철학의 교리를 교조적으로 받아들이는 태도가 인간의 자유를 둘러싼 근본 문제를 직시하기 어렵게 한다고 진단한다. 인간 자유의 근본 문제를 파헤치려면 사회계약론이라는 근대적 교리에서 벗어나 인간 존재에 관한 근원적 관점을 되살려야 한다. 인간 존재에 대한 근원적 관점이란 무엇이며, 그것은 어떻게 발견할 수 있는가? 스트라우스는 고전정치철학에서 그 답을 찾으려 한다. 스트라우스가 고전정치철학으로의 회귀를 주장하는 이유다. 스트라우스의 학문 활동 대부분이 플라톤을 비롯해 아리스토텔레스, 투키디데스, 크세노폰 등 여러 고전정치철학자들에 대한 연구에 집중되어 있는 것은 스트라우스가 자신의 주장을 몸소 실천한 것이라고 볼 수 있다.

고전정치철학의 중심에는 소크라테스의 삶과 죽음, 그리고 그 유산을 이어받은 플라톤 정치철학이 자리 잡고 있다. 스트라우스는 자기 유고집의 제목을 "플라톤 정치철학 연구(Studies in Platonic Political Philosophy)"로 해 달라는 유언을 남겼다. 흥미로운 점은 이 책에 실린 15편의 논문 가운데 플라톤에 대한 논문은 단 두 편밖에 없다는 사실이다. 나머지는 투키디데스, 크세노폰, 마이모니데스,

코엔, 니체 등에 대한 논문이다. 이는 스트라우스 연구자들 사이에서도 논란거리다. 이러한 논란에도 불구하고 분명한 것은 스트라우스가 자신의 연구 전체를 플라톤 정치철학으로 규정하고 있다는 점이다.

정치, 철학, 종교 삼자의 역학 관계

스트라우스에 따르면 소크라테스의 죽음으로 표상되는 정치와 철학의 갈등은 불가피한 현실이다. 공동체의 화합과 연대를 추구하는 정치와 절대적 진리를 추구하는 철학은 그 원리가 근본적으로 대립하기 때문이다. 그럼에도 양자는 상대를 배제할 수 없다. 철학은 적어도 동료 시민의 존재를 전제해야 하며, 정치는 지혜와 지식을 기반으로 운영될 필요가 있기 때문이다.

정치와 철학이 갈등하는 상황에서 종교는 문제를 한층 복잡하게 만든다. 정치는 때로 종교와 결합해서 철학을 박해할 수 있다. 소크라테스에게 사형 선고를 내린 아테네 정치는 철학자 소크라테스를 불경죄로 처벌하지 않았는가. 그럼에도 철학은 철학적 논지를 통해 종교를 지원하며 종교와 우호적 관계를 유지하려고 한다. 그러나 이성에 기반하는 철학과 계시에 기반하는 종교는 궁극적으로 서로를 부정할 수밖에 없는 관계다. 이성과 계시가 상대를 인정하는 것은, 곧 자신의 존재 근거를 부정하는 것이기 때문이다. 철학과 종교, 이성과 계시는 서로 복잡하게 얽히며 화해할 수 없는 갈등 관계에 놓여 있다.

스트라우스는 정치철학이 기본적으로 철학의 영역에 속한다고 본다. 그러나 스트라우스에게 철학은 고독한 상태에서 고고하게 형이상학을 탐구하는 활동이 아니다. 철학은 정치 공동체 안에서 이뤄지는 활동이며, 더불어 종교의 영향력을 의식한 상태에서 전개되는 활동이다. 스트라우스에게 정치철학은 정치, 종교, 철학 삼자의 역학 관계를 고려하는 독특한 활동이다.

스트라우스의 롤 모델은 플라톤이다. 플라톤을 정치, 종교, 철학 삼자의 역학 관계 속에서 철학적 활동을 전개한 정치철학자로 보기 때문이다. 그렇다면 스트라우스는 정치, 종교, 철학 삼자의 역학 속에서 자신의 정치철학을 어떻게 규정하고 있는가? 다음에 이어질 열 가지 주제를 통해 차근차근 살펴보자.

참고문헌

Bloom, A.(1974). Leo Strauss Sep. 20, 1989–Oct. 18, 1973. *Political Theory, 2*(4), pp. 372–392.

Pangle, T. L.(2006). *Leo Strauss: An Introduction to His Thought and Intellectual Legacy*. Baltimore, MD: Johns Hopkins University Press.

Strauss, L.(1953). *Natural Right and History*. Chicago: University of Chicago Press.

Strauss, L.(1959). *What Is Political Philosophy and Other Studies*. Glencoe, IL: The Free Press.

Strauss, L.(1964). *The City and Man*. Chicago: University of Chicago Press.

Strauss, L.(1983). *Studies in Platonic Political Philosophy*. Pangle, T. L.(ed.). Chicago: University of Chicago Press.

Tanguay, D.(2007). *Leo Strauss: An Intellectual Biography*. Nadon, C.(trans.). New Haven, CT: Yale University Press.

차례

일러두기

- 인명, 작품명, 저서명, 개념어 등은 한글과 함께 괄호 안에 해당 국가의 원어를 병기했습니다.
- 외래어 표기는 현행 어문규정의 외래어표기법을 따랐습니다.

01
위기의 자유주의

스트라우스는 근대 이후 서구 사회가 신봉해 온 자유주의가 심각한 위기에 봉착했다고 진단한다. 스트라우스의 자유주의 비판은 자유주의의 역사적 맥락과는 별도로 가치상대주의와 실증주의라는 근대 정치사상의 맥락 속에서 전개된다. 이러한 비판은 현대 사회에 얼마나 적실할까? 그 유용성에 대해서는 논란이 따른다. 어찌 됐건 스트라우스의 자유주의 비판은 스트라우스 정치철학의 의의를 본격적으로 드러낸 계기가 되었다.

20세기 자유주의의 위기

자유주의는 개인의 자유를 최우선 가치로 삼는 정치 이념이다. 개인의 자유를 완벽하게 실현할 방법은 무엇인가? 개인이 절대적 자유를 누리려면 공동체 생활을 포기하고 고립된 삶을 살아야 할지도 모른다. 그러나 자유주의가 추구하는 개인의 자유는 가족이나 이웃, 동료 시민과의 관계를 유지하는 공동체 안에서의 삶을 전제한다. 자유주의는 국가라는 공동체 안에서 일정한 권리를 부여받고 그에 상응하는 의무를 이행하는 시민으로서 삶에 바탕을 둔다.

따라서 자유주의가 이상으로 설정하는 개인의 삶은 사적인 동시에 공적이다. 그러한 삶은 시민으로서 국가가 정한 법의 테두리 안에서 살아야 한다는 공적 요소뿐 아니라, 법에 저촉되지 않는 한 어떠한 가치도 개인이 선택할 수 있다는 사적 요소를 포함한다. 공적 삶과 사적 삶의 조화를 추구해 온 자유주의는 근대 이후 개인과 공동체의 관계를 규정하는 가장 이상적인 정치 이념으로 간주되어 왔다.

자유주의는 20세기 양차 세계대전을 겪으며 심각한 위기에 처하게 된다. 제1차 세계대전 이후 서구 사회는 자유주의의 확산을 통해 전쟁 없는 평화로운 국제사회 구축을 꾀했지만 그러한 기대는 나치즘과 파시즘의 출현으로 산산이 깨졌다. 무엇보다 나치 정권이 자유주의 이념에 기초한 바이마르 공화국에 의해 탄생했다는 역사적 사실은 적잖은 실망감을 안겼다. 다행히 제2차 세계대전은 자유주의의 승리로 끝났다. 그러나 공산주의의 위협으로 이어진 냉전은 자유주의를 또다시 위기로 내몰았다(Strauss, 1964: 3-5).

1899년생 유대인 학자로서 1930년대 나치 정권을 피해 미국으로 망명해야 했고, 이후 죽을 때까지 냉전기의 미국 대학교에서 정치학 교수로서의 삶을 산 스트라우스가 당시 팽배한 자유주의에 대한 위기의식을 공유했던 것은 자연스러운 일이다.

그러나 스트라우스의 자유주의 진단이 당시의 현실 인식에만 기인한다고 보기는 어렵다. 스트라우스는 자유주의 이념에 내재한 근원적 문제에 착안해 자유주의를 진단했다. 그 문제란 근대정치철학에 뿌리를 둔 가치상대주의와 실증주의였다.

가치상대주의

스트라우스는 자유주의의 가장 근원적인 문제로 모든 가치가 상대적이라고 간주하며 가치의 우열을 부정하는 가치상대주의를 꼽는다. 개인주의에 뿌리를 둔 자유주의는 원칙적으로 개개인이 추구하는 개성과 이에 따른 다양성을 존중한다. 그 어떤 가치도 절대적인 것으로 간주하지 않고, 모든 가치를 동등하게 취급한다. 따라서 가치상대주의는 모든 가치의 공존을 허용하는 관용의 원칙을 수반한다.

자유주의가 가치상대주의를 전제하는 것은 자연스러워 보인다. 그러나 스트라우스는 자유주의가 가치상대주의에 토대를 두는 한 온전히 자신을 방어할 수 없으며 자기모순에 빠진다고 주장한다. 어째서 그러한가?

문제는 관용의 원칙을 모든 가치에 무조건적으로 적용할 수 없다는 데 있다. 관용이 관용 자체를 거부하는 태도, 혹은 자유주의 이념 자체를 부정하는 가치까지 용인해 줄 수는 없다. 자유주의를 부정하는 가치는 부정해야 한다. 그런데 이는 모든 가치를 예외 없이 동등하게 취급해야 한다는 가치상대주의의 기본 원칙에 반한다.

이러한 문제를 해결하기 위해서 관용의 가치를 최우선 가치로 인정할 수도 없다. 자유주의가 관용을 우선적 가치로 인정하는 순간 관용은 절대적 가치가 되어, 절대적 가치를 근본적으로 부정하는 가치상대주의와 모순되기 때문이다. 스트라우스는 자유주의를 견고하게 유지하려면 가치상대주의의 한계를 반드시 인정해야 하지만, 이로 인해 자유주의가 내적 모순을 드러내게 된다고 지적한다.

스트라우스는 개인주의에 기초한 자유주의가 결코 가치상대주의를 폐기할 수 없다는 점을 더욱 심각한 문제로 여긴다. 또한 이 때문에 자유주의가 이념적 위기를 초래할 수밖에 없다고 지적한다. 스트라우스는 자유주의가 초래한 이념적 위기의 종착점으로 허무주의를 주목한다.

가치상대주의로 인해 그 어떤 가치도 옳고 그름이 판단되지 않고 선악이나 고귀함의 기준으로 평가되지 못한다면, 모든 가치는 개인이 각자 선택한 선호로 간주된다. 모든 가치가 개인의 선호라면, 개인이 어떤 가치를 선택하더라도 책임을 묻거나 비난할 수 없다. 스트라우스는 이러한 상황이 모든 도덕적 판단을 무력화하는 허무주의를 초래한다고 파악한다(Strauss, 1959: 53-54).

실증주의

스트라우스는 상대주의에 사로잡힌 자유주의가 허무주의에서 벗어나기 위해 법실증주의에 의존한다고 지적한다. 자유주의가 옳고 그름에 대한 절대적 기준을 상실한 상태에서 자유주의적 정체의 정당성을 주장하고 자유주의를 보존하려면 실정법을 내세우는 수밖에 없다. 법실증주의에 따르면 법의 절대적 근거가 불분명하더라도 법으로 규정되어 있으면 규범적 정당성을 획득한다.

문제는 법실증주의가 궁극적으로 자연법이 설 자리를 없앤다는 것이다. 스트라우스는 자연법이 부재하면 결국 사회의 모든 법, 심지어 식인을 인정하는 법도 그 부당함을 지적할 근거를 상실한다고 주장한다(Strauss, 1953: 3). 자연법에 뒷받침되지 않는 법실증주의는 옳고 그름의 절대적인 기준을 제시할 수 없기 때문이다. 요컨대 스트라우스는 자유주의가 가치상대주의에 빠져 옳고 그름, 좋음과 나쁨, 고귀함과 천함을 판단할 기준을 상실했으며 결국 자신을 방어할 기제마저 잃었다고 경고한다.

스트라우스는 실증주의가 법의 영역뿐 아니라 철학의 영역에서도 자유주의의 위기를 심화한다고 주장한다. 실증주의는 사실과 가치의 구분을 전제로 오로지 사실의 영역에서만 과학이 가능하다는 가정을 세운다. 가치판단, 즉 옳고 그름의 판단은 과학적으로 해명할 수 없으며 지식의 대상이 될 수 없다. 따라서 실증주의는 공동체에서 가장 중요한 문제의 옳고 그름을 판단해야 하는 정치철학과 양립하기 어렵다(Strauss, 1959: 22-26).

스트라우스는 19세기 이래 실증주의의 과학성이 주목

받고 정치학이 20세기 중반 이후 과학성을 중시해 실증적 요소를 강화하면서[그 결과 오늘날 정치학(politics)은 정치과학(political science)으로 이해된다] 정치철학이 축소되었다고 본다. 스트라우스에 따르면 가치판단을 배제한 실증적 정치철학은 정치철학 본연의 임무를 다하지 못하는 사이비 정치철학에 불과하다.

정치철학 문제

스트라우스에게 정치철학은 자유주의를 위기에서 구출할 유일한 희망이다. 자유주의는 가치상대주의로 인해 자유주의를 부정하는 가치에 취약하다. 정치철학은 이러한 가치상대주의에 대항해 옳고 그름에 대한 절대적 기준을 마련하는 최후의 보루다.

실증주의의 부상은 정치철학을 위축시키고 자유주의의 위기를 심화했다. 스트라우스는 온전한 정치철학의 회복으로 이러한 사태를 반전시킬 수 있다고 본다. 오늘날 정치철학의 의미는 변질되고 왜곡되어 있다. 정치철학이 자유주의의 구원자로서 제 역할을 다하려면 본래의 모습을 되찾아야 한다. 그러나 무엇이 정치철학 본연의 모습인지에 대해서는 여전히 논란이 따른다. 정치철학의 본질이 무엇인지에 따라 과연 정치철학이 자유주의의 위기에 대한 적절한 해결책이 될 수 있을지 없을지가 판가름 날 것이다. 스트라우스에게 '정치철학이란 무엇인가'라는 주제는 자유주의의 위기에서 탈출해야 한다는 시대적 요청과 결부되며 정치철학의 본질을 묻는 계기가 됐다.

한편 스트라우스는 자유주의의 위기를 진단하면서 그 취약성을 매우 신랄하게 비판하고 결함을 근본적으로 파헤쳤기 때문에 반(反)자유주의자로 간주되기도 했다. 그러나 이는 과도한 해석이다. 스트라우스는 자유주의를 맹목적으로 칭송하는 대신 건설적으로 비판했으며 결국 그것을 수호하려 했기 때문이다. 스트라우스는 스스로를 자유민주주의의 아첨꾼이 아니라 진정한 '친구'로 규정했다(Strauss, 1968: 24). 상대의 결함을 무작정 감싸는 대신 정확하고 숨김없이 지적하는 것이 진정한 친구라면, 스트라우스의 자유주의 비판은 자유주의의 파괴를 의도한 반자유주의적 행태로 볼 수 없다.

참고문헌

Pangle, T. L.(2006). *Leo Strauss: An Introduction to His Thought and Intellectual Legacy*. Baltimore, MD: Johns Hopkins University Press.

Strauss, L.(1953). Introduction. *Natural Right and History*. Chicago: University of Chicago Press.

Strauss, L.(1959). Ch. I. *What Is Political Philosophy and Other Studies*. Glencoe, IL: The Free Press.

Strauss, L.(1964). Introduction. *The City and Man*. Chicago: University of Chicago Press.

Strauss, L.(1968). Chs. 1, 2, 3. *Liberalism Ancient and Modern*. Bloom, A.(foreword). Chicago: University of Chicago Press.

Strauss, L.(1989). Ch. 2. In Pangle, T. L.(ed.). *The Rebirth of Classical Political Rationalism*. Chicago: University of Chicago Press.

02
역사주의 비판

무엇이 옳고 정의로운 것인가의 문제는 역사상 다양한 방식으로 표출되어 왔다. 역사주의는 역사적으로 다양한 가치가 존재해 왔다는 점을 근거로 절대적 정의 혹은 보편적 질서로서의 자연법을 인정하지 않는다. 스트라우스는 이러한 역사주의의 입장을 정면으로 부정한다. 스트라우스는 역사적으로 절대적인 정의를 발견하지 못한 것과 자연법에 대해 합의하지 못한 것은 절대적 진리를 부정해야 할 근거가 아니라, 오히려 그것을 본격적으로 찾아내야 할 동기라고 주장한다.

역사주의의 고전적 기원

역사주의는 정의가 시대와 장소에 따라 다르게 나타난다는 사실을 근거로 절대적이고 보편적인 정의를 부정한다. 스트라우스는 이러한 주장에 철학적 근거가 결여되어 있다고 지적한다. 역사주의가 보편적 정의나 자연법의 존재를 부정하려면 그것의 역사성뿐 아니라 더욱 근본적인 철학적 근거를 제시해야 한다는 것이다. 정의나 자연법에 대한 보편적 합의가 존재하지 않는다는 것만으로 그 존재 자체를 부정할 수는 없다. 무엇이 진리인가에 대해 합의를 보지 못했다는 것이 진리의 존재를 부정할 근거는 되지 못하는 것처럼 말이다.

인간사의 본질을 탐구하기 위해 역사를 되돌아보는 것은 동서고금을 막론하고 자연스러운 일이다. 그러나 스트라우스에 따르면 역사주의가 역사에 대한 탐구를 근거로 정의와 자연법의 존재를 전면 부정한 것은 근대 역사주의가 철학적 오류를 범했기 때문이다. 스트라우스는 근대 역사주의의 특징을 밝히기 위해 그것을 고대 그리스 고전기에 존재했던 관습주의(conventionalism)와 비교한다(Strauss, 1953: 10-12).

고대 그리스의 관습주의는 정의 관념이 공동체의 합의에

기반한다고 보고, 이 합의가 넓은 의미의 노모스(nomos) 즉 법 규범에 해당한다고 본다는 점에서 근대 역사주의와 유사한 부분이 있다. 관습주의는 세상에 다양한 법체계와 정의관이 존재하는 것을 당연하게 여기며 각 국가에 개별적으로 나타나는 노모스를 중시한다. 관습주의는 근대 역사주의와 마찬가지로 법과 정의를 둘러싼 역사적 가변성에 주목하며 절대적 정의를 찾아내기 어렵다는 점을 인정한다.

그러나 관습주의는 정의에 대한 다양한 관점이 존재한다는 사실로부터 정의의 절대적 개념을 부정하는 결론을 도출하지 않는다. 관습주의는 공동체의 합의에 기반한 노모스와는 구분되는 퓌시스(physis, 자연), 즉 보편적 자연 개념을 인정하기 때문이다. 관습주의는 퓌시스가 인간사의 옳고 그름을 구분할 절대적 기준을 제공할 수 있다고 가정한다.

그럼에도 관습주의가 노모스를 중시하는 이유는, 퓌시스에 부합하는 절대적 정의가 무엇인지 아직 알지 못한 상태에서는 노모스를 정의로 간주하는 것이 공동체의 안정과 평화를 도모하는 데 유리하다고 판단하기 때문이다.

관습주의는 공동체의 안정과 평화를 위해 노모스가 필요하다는 입장을 고수한다. 그럼에도 관습주의는 개별 국가의 노모스가 퓌시스의 보편적 진리보다 우월하다고 주장하지는 않는다. 따라서 고대 그리스의 관습주의는 암묵적으로 퓌시스의 권위를 인정하고, 자연법이나 절대적 진리로서의 정의 개념을 완전히 훼손하지 않았다. 반면 근대 역사주의는 퓌시스가 인간사에서 차지하는 권위를 전면적으로 부정했다. 스트라우스는 이러한 사태가 결국 정의와 자연법의 위상을 현저히 실추했다고 지적하며 근대 역사주의를 비판적으로 해부한다.

근대 역사주의와 혁명 세력의 역할

스트라우스는 근대 역사주의의 사유 방식을 다음과 같이 설명한다. 우선 근대 역사주의는 퓌시스의 영역과 인위적 영역을 엄격히 구분하는 이원주의를 채택한다. 이에 따르면 퓌시스는 인위적 영역에 해당하는 인간사에 개입하지 않는다. 정의가 결국 공동체의 합의에 바탕을 두고 있다면 그것은 자연과 무관하며, 자연적으로 옳음을 의미하는 자연법(자연+법)이라는 조합은 애초에 성립할 수 없기 때문이다. 자연은 인간적 합의를 의미하는 법과 결합할 수 없다.

근대 역사주의는 합의에 의해 다양하게 나타나는 정의가 자의적이라고 비판받을 수 있음을 인지한다. 그러나 근대 역사주의는 이러한 비판을 인간의 자유 의지 발현이라는 대명제로 역전한다. 이에 대해 스트라우스는 근대 역사주의가 정의 개념을 퓌시스의 영역에서 철저히 분리해 절대적 의미의 옳음 혹은 영원성에 기초한 정의 개념을 부정하고, 그것에 대한 탐구조차 어렵게 만들어 버렸다고 한탄한다. 어쩌다 이런 사태에 이르게 됐는가? 스트라우스는 근대 혁명 세력의 태동이 근대 역사주의 형성에 결정적 영향을 미쳤다고 파악한다.

스트라우스는 근대 역사주의가 프랑스혁명과 그에 대한 반동으로 나타난 보수주의에 깊이 연루되어 있다고 지적한다(Strauss, 1953: 12-14). 프랑스혁명의 정신이 전 유럽에 퍼질 즈음 영국의 반동주의자들은 전통적 지혜와 이에 기초한 질서가 필요하다고 주장하며 보수주의의 기틀을 마련했다. 보수주의는 인간 사회의 개선이나 발전이 급진적 이념에 의해 획일적으로 이뤄지는 것이 아니라 각국의 역사와 전통 속에서 오랫동안 축적되어 온 지혜를 통해 이뤄진다고 주장했다. 보수주의는 기존의 전통 가치와 지혜가 어떤 식으로 작동했는가를 구체적으로 보여 주지는 않지만, 지금까지 인류 사회가 점진적이고 지속적으로 발전해 왔다는 것은 각국의 역사를 통해 충분히 확인할 수 있다고 주장했다. 보수주의는 이러한 주장을 뒷받침하기 위해 역사주의에 호소했다. 혁명 세력이 개별 국가가 처한 역사적 상황을 무시하고 획일적 가치와 획기적 변화만 시도했던 과거의 사례는 결코 인류의 발전에 기여하지 못했다는 것을 역사적으로 보여 주기 위함이었다.

보수주의자가 가정하는 역사의 가변성은 소양 있는 지식인이라면 부정하기 어렵다. 따라서 보수주의에 반격을 가하려면 혁명주의자들도 새로운 역사관을 정립해야 했다. 스트라우스는 프랑스혁명을 계기로 혁명주의자와 보수주의자 모두 역사 인식을 둘러싼 투쟁의 장에 진입했다고 파악한다.

혁명주의자들도 혁명의 실질적 성공을 위해 개별 국가의 역사적 구체성을 고려해야 한다는 점은 인정했다. 예컨대 인간은 천부 인권을 갖고 있다는 보편적 진리조차 모든 국가에서 일률적으로 실현되기 어렵다는 것을 이해하고 있었다. 영국인은 허울 좋은 보편적 인권에 의해서가 아니라 영국 시민으로서 구체적 권리를 보장받을 때 비로소 실질적으로 권리를 누릴 수 있다. 그러나 혁명 세력은 역사 안에서 혁명의 필요성, 즉 획기적 변화라는 보편적 가치를 확인하고 싶어 했다.

스트라우스는 혁명주의가 개별 국가의 역사적 가변성을 인정하면서도 혁명의 보편적 정당성을 주장하기 위해

'역사적 진보' 개념을 근거로 내세웠다고 지적한다. 오로지 혁명만이 역사의 진보를 견인할 수 있다는 것이다. '역사적 진보' 개념을 수용한 혁명주의자는 역사 속에서 한가하게 진보를 기다릴 것이 아니라 혁명을 통해 적극적으로 진보를 이끌어 내야 한다고 주장한다(Strauss, 1953: 15).

그러나 스트라우스는 혁명주의자들이 진보 개념을 통해 혁명을 정당화하는 과정에서 논리적 모순을 낳았다고 지적한다. 일반적으로 진보는 '더 나은 것(the better)'으로의 획기적 변화를 의미하는데, 이는 '더 나은 것'에 대한 앎을 전제한다. 이 앎은 단순히 바람직한 것에 대한 일시적 의견을 넘어 절대적이고 보편적인 진리여야 한다. 이러한 진리는 모든 인간사와 우주 만물을 포괄할 정도로 지극히 종합적이고 체계적인 사유를 통해 얻을 수 있고, 이러한 사유는 모든 존재의 근원과 본질을 탐구하는 형이상학과 결코 유리될 수 없다. 문제는 혁명 세력이 토대를 둔 사유 방식이 형이상학과의 단절을 전제한다는 점이다. 혁명 세력이 신봉한 인권 개념은 근대 이전의 형이상학과 철저히 단절된 지극히 물질적이고 원자적인 '개인' 그리고 그에 따른 사회계약론에 기초해 있기 때문이다(Strauss, 1953: 24-25).

프랑스혁명은 과거 고전기에 추구되었던 이상 국가 혹은 이상적 정치 질서로의 변혁과 전혀 다른 방식으로 변화를 추구했다. 이상 국가의 실현을 추구했던 고전기에는 최고선(最高善)에 대한 앎을 공동체에 적용하는 방식으로 형이상학과 정치를 연결했다. 반면 프랑스혁명의 토대를 이룬 근대적 자연권은 최고선을 정치와 단절했다. 혁명 세력이 주장한 획기적 변화란 고전기의 이상 국가론과 달리 형이상학의 지원을 거부하는 것이었다(Strauss, 1953: 23-26).

이러한 상황에서 혁명 세력은 더욱 강력하게 역사 자체에서 진보의 의의를 찾으려 노력했다고 스트라우스는 분석한다. 즉 역사에서 혁명을 달성하는 주체가 무엇이든(사회 내 특정 계급이나 특정 종족 혹은 민족 등) 그것은 '더 나은' 방향으로의 변화, 즉 진보를 이룬다는 믿음을 강화한다는 것이다. '역사는 어쨌든 진보한다'는 가정은 이제 교리가 되었다. 그러나 이러한 교리는 역사주의의 기본 가정과 일치하지 않는다고 스트라우스는 지적한다. 역사주의는 인간사가 늘 가변적이며 역사는 결코 일정한 방향성을 갖지 않는다고 주장해 왔기 때문이다.

스트라우스는 '역사는 진보한다' 혹은 '역사에는 진보의 경향이 내재한다'라는 가정은 역사에서 확인될 수 있는 것이 아니라 역사주의 바깥에 존재하는 형이상학적 가정에 기초한다고 지적한다. 프랑스혁명 이후 혁명 세력이 적극적으로 수용한 역사주의는 역설적이게도 역사가 아니라 은밀히 감춰진 형이상학에 의존했다는 것이다. 스트라우스는 이러한 근대 초기의 역사주의를 '역사주의의 유아기'로 부른다(Strauss, 1953: 16). 이는 혁명 세력이 근대 이후 보수주의에 맞서 역사주의를 수용하는 과정에서 한편으로 형이상학을 부정하면서도, 다른 한편으로는 그것을 수용할 수밖에 없었던 내적 긴장 상태에 놓여 있었음을 의미한다.

실증적 역사주의, 급진적 역사주의 그리고 허무주의

스트라우스는 역사주의가 실증주의와 결탁하면서 유아기적 상태를 벗어나 더욱 강력한 사조(思潮)로 부상했고, 급기야 급진적 역사주의로 전환할 기틀을 마련했다고 분석한다.

근대정치철학은 신학과 형이상학이 모든 인간사를 포함한 만물에 대한 가장 포괄적이고 종합적인 사고라는 것을 인정하지만, 이를 통해 얻는 지식은 인간의 이성으로 충분히 해명되지 않는다는 점을 강조한다. 따라서 신학과 형이상학이 상정하는 절대적이고 보편적인 진리의 지위는 여전히 불완전하다고 해석한다. 실증주의는 이러한 사고를 바탕으로 인간 이성을 통해 확실하고 객관적으로 이해할 수 있는 것만을 지식으로 간주한다. 또한 실증주의는 이러한 지식에 '과학적'이라는 수식어를 부여한다. 요컨대 실증주의는 신학과 형이상학 대신 인간 이성에 기반한 과학이 인간이 추구할 수 있는 최고의 지식이라고 주장한다.

실증주의가 추구하는 과학적 지식은 기본적으로 인간의 감각으로 확인할 수 있는 경험과학에서 출발한다. 실증주의는 역사 혹은 역사적 사실의 추구가 과학적 지식을 얻는 데 실증적 증거를 제공한다고 본다. 이에 따라 실증주의는 역사야말로 인간이 인간사와 관련해 얻어 낼 수 있는 최고의 지식을 제공한다고 간주하면서 역사 연구에 최고의 권위를 부여한다.

그러나 스트라우스는 실증적 역사 연구에 대한 기대가 곧바로 실망으로 이어질 수밖에 없다고 지적한다. 스트라우스에 따르면 '정직한' 역사가는 실증적 연구로 인간과 세계에 대한 최고의 지식을 얻기는커녕 인간사 전체가 일관된 의미를 찾을 수 없는 그저 우연과 불확실성의 연속된 과정임을 깨닫게 된다.

스트라우스는 역사적 실증주의가 모든 역사적 사실을 분절적인 것으로 보지 않고 일련의 과정으로 파악하려면 연구자의 주관적 선택이 불가피하다는 점을 인정해야 한다고 지적한다. 그런데 연구자의 주관적 선택이 불가피하다는 사실은 실증주의가 약속한 '과학성'과는 거리가 멀다. 스트라우스는 역사주의가 이러한 비판을 의식하면서도 여전히 자신이 보편적이며 객관적인 지혜를 추구한다는 입장을 견지하기 위해 어떤 노력을 기울였는지 추적한다. 스트라우스에 따르면 역사주의는 '역사의 경험'이라는 개념을 통해 실증적 역사 연구에서 보편성을 확보하고자 했다(Strauss, 1953: 20-22).

'역사의 경험' 개념은 실증적 역사 연구가 마치 높이 날아오른 새의 눈으로 역사를 조망하는 것과 같다고 평가한다. 이를 통해 실증적 역사 연구는 역사의 필연성과 같은 객관적이고 보편적인 진리를 발견할 수 있다고 가정한다. 그러나 스트라우스는 실증적 역사 연구를 통해 역사가 필연적 과정으로 전개된다는 것을 확인할 수 있다고 보지 않는다. 실증적 역사 연구는 오히려 인간사에 대한 이해가 늘 분절적이고 불확실한 상태에 머물러 있음을 재확인할 뿐이라고 지적한다. '역사의 경험'을 통해 보편적 진리를 획득할 수 있다는 주장에는 '인간사에 필연성이 존재한다'나 '인간사는 진보한다'라는 철학적 가정이 이미 장착되어 있어야 한다. 스트라우스는 역사적 필연성이나 진보에 대한 가정은 역사가 아니라 역사에 대한 철학적 가정을 통해 확인될 뿐이라고 강조한다(Strauss, 1953: 19-20).

스트라우스에 따르면 실증적 역사주의는 두 가지 선택지를 마주했다. 즉 분절적이고 자의적인 역사의 고유성을 은폐하고 철학의 지원을 받거나, 아니면 역사의 고유성을 더욱 공고하게 주장하면서 인간과 인간사에 대한 보편적 지식을 완전히 포기하는 것이다. 스트라우스는 역사주의가 역사의 고유성을 살리기 위해 후자의 길을 택했다고 지적한다. 그러나 그 경로는 초(超)역사적 성격을 띤다고 강조한다. 모든 인간사와 이념이 개별적 역사에 귀속된다는 주장은 역사주의를 인간사의 유일한 진리로 여긴다는 점에서 초역사적이라는 것이다(Strauss, 1953: 24).

역사주의는 모든 인간 사상이 역사적으로 출현·소멸했다고 가정하며 그 어떤 사상도 보편적일 수 없다고 주장한다. 그러나 이 주장은 역사주의만이 보편적 진리라는 자가당착에 빠진다. 역사주의를 모든 사상에 적용해야 한다면 역사주의 역시 언젠가 소멸할 사상이다. 따라서 역사주의가 견고하게 유지되려면 역사주의의 가정이 초역사적으로 보존되어야 한다.

스트라우스는 프리드리히 니체(Friedrich Nietzsche)를 역사주의의 자가당착에 정면으로 맞선 사상가로 평가한다. 스트라우스에 따르면 니체는 형이상학적 진리의 지배에서 인간사를 해방하고 역사의 독자성을 존중한다는 점에서 역사주의를 수용했지만, 그것이 초역사주의적 가정에 의존할 수밖에 없다는 모순을 잘 인식하고 있었다(Strauss, 1953: 26).

니체는 이 문제를 어떻게 해결하려고 했는가? 스트라우스에 따르면 니체는 급진적 역사주의를 제시하는 방식으로 문제를 풀고자 했다. 급진적 역사주의는 역사가 기본적으로 개별적이고 자의적인 성격을 띠지만 생(生)에 대한 적극적 개입과 강한 의지를 통해 통제될 수 있다는 역사관이다. 니체의 급진적 역사주의는 세상에 대한 체계적 이론의 수립 가능성을 부정하고, 그 대신 모든 인간사는 생에 대한 적극적 개입 혹은 이에 따르는 운명(fate)에 의해 결정된다고 해석한다.

급진적 역사주의는 역사가 어느 방향으로 나아갈지, 역사의 종말이 존재할지 예견하지 못한다. 그 대신 인간사를 이해하려고 시도하는 모든 사상이 운명에 맡겨졌다고 결론 내린다. 결국 급진적 역사주의는 그 어떤 사상의 본질적 가치도 인정하지 않고, 모든 사상을 의심하는 회의주의만 남겨 둔다. 스트라우스는 숙명론과 회의주의를 탑재한 급진적 역사주의가 20세기 하이데거의 실존주의라는 종착점에 다다랐다고 해석한다(Strauss, 1953: 29-30).

스트라우스는 하이데거의 실존주의가 철학을 주체의 실존적 이해로 한정해 정의와 옳음에 대한 지식의 가능성을 완전히 부정하는 결론을 내렸다고 주장한다. 그러나 스트라우스는 하이데거가 내린 급진적 역사주의의 최종 결론이 정의와 옳음에 대한 지식을 완전히 포기해야 할 만큼 충분한 근거를 제시했는지 반문한다. 이 지점에서 스트라우스가 역사주의를 비판한 궁극적 의도가 드러난다.

스트라우스는 하이데거의 급진적 역사주의가 정의에 대한 철학의 가능성을 소멸시킬 만큼 강력한 사조임은 분명하나, 역사주의조차 역사적으로 존립할 수 없고 비역사주의적(non-historicist)이며 철학적 가정들에 의해 뒷받침될 수밖에 없다고 지적한다. 예컨대 역사주의가 존립하려면 '역사는 진보한다'거나 '역사의 경험을 통해 지혜를 얻을 수 있다'와 같은 철학적 가정에 의존할 수밖에 없다는 것이다. 스트라우스는 이러한 지적을 통해 역사주의가 폐기한 정의와 옳음에 대한 절대적 지혜, 그것에 대한 철학적 탐구의 불씨를 되살리려 시도한다.

정의와 옳음에 대한 철학적 탐구를 되살리려면 근대 이후 강력하게 군림해 온 역사주의 사조에서 벗어나야 한다. 스트라우스는 소크라테스의 철학에서 정의와 옳음에 대한 절대적 탐구의 모델을 찾을 수 있다고 주장한다. 그러나

20세기의 급진적 역사주의는 워낙 강력해 쉽게 벗어나기 어렵다.

스트라우스는 역사주의가 우리의 사고를 지배해 정의와 옳음에 대한 철학의 가능성조차 포기하게 된 사태를 역사주의가 인위적으로 만들어 낸 '인공적 동굴'에 비유한다(Strauss, 1952: 155). 플라톤이 정치 공동체에서 다중이 허상을 좇는 사태를 동굴 속 삶에 비유했듯, 이 동굴에서 한층 깊숙이 들어가 철학의 시도조차 어려운 20세기의 상황을 역사주의가 만들어 낸 또 다른 동굴로 표현한 것이다. 스트라우스의 역사주의 비판은 이러한 '인공적 동굴'로부터 탈출하려는 시도의 일환으로 해석할 수 있다(Smith, 2006: 161).

참고문헌

Pangle, T. L.(2006). *Leo Strauss: An Introduction to His Thought and Intellectual Legacy.* Baltimore, MD: Johns Hopkins University Press.

Smith, S. B.(2006). *Reading Leo Strauss: Politics, Philosophy, Judaism.* Chicago: University of Chicago Press.

Strauss, L.(1952). Ch. 5. *Persecution and the Art of Writing.* Chicago: University of Chicago Press.

Strauss, L.(1953). Ch. 1. *Natural Right and History.* Chicago: University of Chicago Press.

Strauss, L.(1959). Ch. II. *What Is Political Philosophy and Other Studies.* Glencoe, IL: The Free Press.

03
사실/가치 구분과 정치철학의 위기

스트라우스는 막스 베버의 '사실/가치 구분' 명제가 그 의도와 상관없이 정치철학의 위상을 심각하게 훼손한다고 지적한다. 사회과학자가 사실/가치 구분을 전제로 가치중립성을 추구하는 것은 일견 바람직해 보이지만, 스트라우스에 따르면 모든 가치에 중립적 태도를 취하는 것은 '더 나은 것'과 '바람직한 것'에 대한 앎을 포기하는 것이다. 공동체에서 '더 나은 것'과 '바람직한 것'을 찾는 일을 정치철학의 역할로 규정하는 스트라우스에게 '가치중립성'이라는 매력적인 명제는 정치철학으로 향하는 길을 가로막는 심각한 장애물이다.

사실/가치 구분과 가치중립성

사회 현상에 가치 영역과 사실 영역이 혼재한다는 것은 상식이다. 어떤 나라의 인구수나 출생률 추이, 계층별 소득 분포, 국민총생산(GNP) 세계 순위 등은 사실 영역에 속한다. 반면 좀 더 평등하고 정의로운 사회를 만들어야 한다는 주장, 개인의 자유가 신장되어야 한다는 생각은 가치 영역에 속한다. 사회학의 성립에 커다란 영향을 끼친 막스 베버(Max Weber)는 일찍이 사회과학자라면 사실 영역과 가치 영역을 엄격히 구분해야 한다고 주장했다. 아울러 가치 영역은 주관적 판단이 개입될 수밖에 없기 때문에 과학적 설명의 대상이 될 수 없다고 봤다. 사실 영역에서만 과학적 객관성과 명증성 그리고 합리성을 담보할 수 있다는 것이다.

가치 영역은 기본적으로 가치판단을 전제한다. 가치판단이란 가치들 간 우열을 정하는 것이다. 베버는 가치판단이 과학적이고 합리적으로 이뤄질 수 없다고 주장한다. 예컨대 좀 더 평등한 사회를 만들어야 한다는 주장과 좀 더 풍요로운 사회를 만들어야 한다는 주장 중 어느 쪽이 더 나은지 과학적이고 합리적으로 판단할 수 없다는 것이다.

사회적 평등을 확대하기 위한 어떤 정책이 의도치 않게 경제적 효율성을 떨어뜨린다고 가정해 보자. 이 정책의 채

택 여부는 평등과 효율성이라는 가치의 경중을 따지는 가치판단에 의해 결정될 것이다. 베버는 사회과학자가 이러한 가치판단에 개입해서는 안 된다고 주장한다. 사회과학자는 어떤 정책이 효율성을 높이고 어떤 정책이 평등에 기여하는지 설명할 수 있지만, 어느 정책이 더 나은 정책인지 과학적으로 판단할 수는 없기 때문이다. 평등을 우선시해야 할지, 효율성을 우선시해야 할지는 주관성이 개입하는 가치판단의 문제다. 베버의 사실/가치 구분 명제는 사회과학자가 가치중립적 태도를 가져야 한다고 강조하는 것이나 다름없다.

스트라우스는 베버의 주장이 설득력 있긴 하지만 자신이 그토록 회복하려 했던 정치철학의 존립에 치명적 타격을 입혔다고 판단한다. 스트라우스에 따르면 정치철학의 임무 가운데 하나는 정치 공동체 운영에 더 나은 방향과 더 바람직한 것을 모색하는 일이다. 스트라우스에게 정치철학이란 주어진 목적을 달성하기 위해 효율적 수단을 선택하는 작업이 아니라 공동체가 어떤 목적을 추구하는 것이 바람직한지 찾는, 가치를 탐구하는 작업이다. 따라서 스트라우스에게 모든 가치에 중립적 태도를 취하는 베버의 주장은 정치철학의 기능을 전면 부정하는 것이다. 스트라우스의 관점에서 베버의 사실/가치 구분 명제는 전면 재검토할 대상이다(Behnegar, 2009: 229-237).

베버의 사실/가치 구분 명제에 근본적 문제가 있다는 지적은, 객관적 사실만이 과학의 대상이 될 수 있다고 믿는 실증주의가 팽배하던 20세기의 분위기상 그리 쉽지 않은 일이었다. 그러나 스트라우스는 사회 현상에서 사실과 가치가 엄격하게 구분될 수 있는지 반문하며 비판의 포문을 열었다. 또한 사회 현상의 인과관계를 밝히려는 사회과학 연구자는 이미 특정한 가치를 참조하고 있다고 주장했다. 무수한 사회 현상 가운데 어떤 것의 인과관계를 설명할지 선택하는 과정에서 가치참조(value reference)는 불가피하다는 것이다(Strauss, 1953: 40).

예컨대 매춘의 원인을 설명하려는 사회과학자가 있다고 가정해 보자. 그가 매춘이 부적절한 거래라는 인식, 즉 매춘에 대한 가치판단을 행하지 않았다면 애초에 매춘이라는 사회 현상을 주목하지 않았을 것이고, 이에 대한 연구도 개시하지 않았을 것이다. 베버도 무수히 많은 사회 현상 가운데 무엇을 설명 대상으로 삼을지 결정하는 사회과학자의 가치참조를 인정했다.

그럼에도 베버는 매춘의 원인에 대한 사회과학자의 가치중립적 연구가 가능하다고 보았다. 예컨대 가치중립적 사회과학자는 매춘과 정체(민주주의 국가 혹은 권위주의 국가), 매춘과 국민 교육 수준(국민 의무 교육 기간), 매춘과 국민 윤리의 관계를 객관적으로 설명할 수 있다는 것이다. 베버의 '이해사회학(Verstehende Soziologie)'은 가치참조를 전제로 다양한 사회 현상 간 사실 관계를 밝히는 연구를 가치중립적 사회과학으로 간주한다. 이해사회학에서 연구자는 매춘과 국민 교육에 어떤 상관관계가 있는지, 국민 교육 수준이 높아질수록 매춘이 줄어드는지, 매춘 금지는 시장 경제의 위축 혹은 자유의 축소와 어떤 상관관계가 있는지 등을 사회 현상 간 사실 관계로 밝힌다. 반면 매춘 금지와 관련해 도덕성, 국민 계몽, 시장 경제의 활력, 자유의 신장 가운데 어떤 가치를 우선시해야 하는지에 대해서는 침묵해야 한다. 베버는 이처럼 사회과학자가 가치판단을 유보하고 사회 현상 간 사실 관계만을 밝힐 때 사회과학의 가치중립성을 유지할 수 있다고 보았다.

스트라우스는 베버가 사회과학자의 가치중립성을 확보하기 위해 가치를 개인 혹은 사회마다 다른 선호로 취급했다고 지적한다. 문제는 모든 가치를 선호나 취향으로 간주하면 좋음과 나쁨, 옳음과 그름의 구별이 무의미해져 결국 허무주의에 빠지게 된다는 점이다. 스트라우스에 따르면 허무주의는 도덕적 타락이나 집단적 광신을 초래한다. 베버는 가치중립적 사회과학이 극단적 허무주의에 빠지지 않을 것이라고 낙관했다. 사회과학자가 최종 판단을 유보하고 사회 현상 간 상관관계만을 사실적으로 밝히면, 사회는 적어도 고귀한 것과 저급한 것을 구분해 전자를 취할 저력을 갖고 있다는 것이다. 스트라우스는 이러한 베버의 입장이 결국 고상한 허무주의(noble nihilism)라는 모순에 빠지게 된다고 지적한다(Strauss, 1953: 48). 허무주의는 결코 도덕적으로 고상한 선택을 보장할 수 없기 때문이다.

종교성에 기초한 가치의 화해 불가능

스트라우스는 사회과학자가 가치중립성을 확보할 수 있다는 가정이 지나치게 낙관적이며 순진하다고 비판한다. 무엇보다 스트라우스는 정치 공동체에서 추구되는 가치가 단순히 개인의 선호나 취향으로 환원될 수 없고, 가치들 간 화해할 수 없는 근원적 대립이 발생한다는 점을 강조한다. 스트라우스는 이를 입증하기 위해 일반적으로 이야기되는 정의관을 예로 든다.

스트라우스에 따르면 세상에 존재하는 여러 정의관 중에는 사회적 성취는 개인의 노력에 따른 것이므로 그 성공에 부합하는 사회적 권리와 지위를 누리는 것이 합당하다는 정의관이 있는가 하면, 높은 사회적 성취는 그만큼 사회로부터 많은 혜택을 받았음을 의미하므로 가진 것을 사회에 환원하는 것이 합당하다는 정의관도 있다. 두 정의관을 좀 더 세련된 방식으로 표현하면 '자유지상주의'나 '평등주의적 자유주의'로 명명할 수도 있겠지만, 스트라우스는 일상적 언어로 표현되는 두 정의관에서조차 화해할 수 없는 가치의 대립이 발견된다는 점을 강조한다.

스트라우스에 따르면 두 정의관 중 전자는 지극히 현세적인 가치관에, 후자는 내세적·초월적인 가치관에 기초한다(Strauss, 1953: 68-69). 두 정의관은 현세성 대 종교성이라는 화해할 수 없는 가치의 대립에 기반해 있다는 것이다. 개인의 노력으로 성취한 것이 전적으로 그 개인의 것이라는 주장은 현세적 보상의 중요성을 강조한다. 반면 사회적 환원을 강조하는 후자의 정의관은 암묵적으로 종교성에 기초해 있다. 신은 분명 현재의 상태보다 평등한 세계를 원했을 것이므로 이를 개선하는 것이 신의 뜻에 부합한다는 것이다. 누군가가 관대함과 자비를 베풀어 결과적으로 사회적 평등에 기여한다면, 이는 신의 뜻에 부합하는 행위이므로 그는 내세의 축복을 보장받는다. 스트라우스는 평등주의적 정의관이 궁극적으로 내세적 종교성과 맞닿아 있으며 현세적 보상만을 강조하는 자유지상주의적 정의관과 근본적으로 대립한다고 본다.

스트라우스는 베버가 제시한 신념윤리(Gesinnungsethik)와 책임윤리(Verantwortungsethik) 개념에서도 종교성과 비종교성의 대립이 나타난다고 지적한다. 주관적 가치와 신념을 중시하는 신념윤리가 궁극적으로 내세적 종교성을 반영한다면, 결과를 중시하는 책임윤리는 현세적 비종교성을 반영한다는 것이다(Strauss, 1953: 70).

종교성과 비종교성의 대립에 대한 스트라우스의 예시는 어느 정도 논리적 비약과 추상성을 드러낸다. 그러나 이는 모든 가치가 궁극적으로 종교성/비종교성 문제 혹은 유신론/무신론 문제로 환원될 수밖에 없다고 보는 스트라우스의 입장을 잘 반영한다. 종교성과 비종교성은 신의 존재 유무를 두고 대립하므로 평화적으로 공존하기 어렵다. 타자의 무신론을 허용하는 것은 자신의 신앙을 부정하는 것이나 다름없기 때문이다. 따라서 종교성과 비종교성 사이에는 화해할 수 없는 대립이 존재한다. 그럼에도 베버는 여러 가치의 '평화적' 공존 가능성을 인정하고, 사회과학자가 가치중립적 태도를 취할 수 있다고 주장한 것이다. 스트라우스에게는 이러한 베버가 지나치게 순진하거나, 무책임하게 보일 수밖에 없다.

과학성 추구와 정치철학의 위기

베버가 사실/가치 구분을 주창한 근본 목적은 사실 영역에서만이라도 합리성과 객관성을 얻을 수 있는 과학성을 확보하는 것이었다. 그러나 스트라우스는 베버의 과학성 개념이 대단히 제한적인 탓에 베버의 의도와 무관하게 정치철학의 입지를 약화했다고 주장한다. 스트라우스는 우선 베버가 효율성을 과학성의 근간으로 삼았다고 지적한다. 베버는 주어진 목적에 대한 가장 효율적이고 합리적인 수단을 정하는 것이 사회과학에서 확보할 수 있는 과학성이라고 간주한다. 따라서 베버의 과학성은 주어진 목적이 합리적인지 아닌지에 관여할 수 없다. 과학성만으로는 설령 목적이 비인간적이더라도 그것을 비판하거나 저지할 수 없다.

그래도 베버는 과학성이 일정 정도 가치판단에 기여할 수 있다고 봤다. 베버는 효율성에 기반한 과학성이 가치들 간 우열을 판단할 수는 없지만, 적어도 저속하고 비열한 가치를 배제하는 데에는 효과가 있을 것이라고 낙관했다. 베버의 낙관적 기대는 과학성으로 계몽과 진보를 얻을 수 있다는 믿음에서 비롯한다. 이러한 믿음에 이르게 한 베버의 과학성은 근대 자연과학 모델과 대단히 유사하다.

근대 자연과학은 자연에 총체적이고 위계적인 목적이 존재한다는 형이상학적 사고를 부정한다. 설령 그런 것이 존재한다고 해도 인간의 이성에 의해 합리적으로 설명되지 않는 한 인정할 수 없다고 주장한다. 따라서 자연적 사실들 간 인과관계의 해명을 과학의 목적으로 설정한다. 이러한 자연과학은 자연에 대한 총체적 이해를 단숨에 제공하지는 않지만 적어도 자연에 대한 주술적 이해를 계몽의 상태로 전환할 수 있다는 믿음을 낳았다. 아울러 자연에 대한 계몽의 축적이 진보를 낳고 궁극적으로 자연에 대한 정확한 이해에 도달할 수 있다고 본다. 사회과학에서 베버가 추구한 과학성은 근대 자연과학과 마찬가지로 계몽과 진보에 대한 믿음에 기초한다.

스트라우스는 인간 이성에 대한 신뢰에 바탕을 둔 근대 자연과학의 과학성이 사실상 편견에 기초한다고 주장한다. 근대 자연과학은 계몽과 진보를 통해 인간을 이롭게 하거나 더욱 자유롭게 할 수 있다고 가정하지만, 근대 자연과학이 이 가정을 충실히 이행했다고 보는 사람은 드물다. 과학과 기술의 발전이 인간의 편의를 제고했을지는 몰라도, 인간성 혹은 인간의 본질과 관련해 계몽과 진보가 이뤄졌다고는 보기 어렵기 때문이다. 스트라우스는 근대 자연과학이 인간에게 근본적인 이익과 자유를 선사할 수 있다고 보는 것이야말로 편견이며 과학에 대한 맹목적 믿음이라고 비판한다. 나아가 스트라우스는 사회과학에서 베버가 추구한 과학성이 근대 자연과학에 대한 맹목적 믿음 즉 근대적 주술성의 연장이라고 지적한다(Strauss, 1953: 79-80).

마지막으로 스트라우스는 베버의 사실/가치 구분이 일으킨 사회적 파장, 특히 자신이 그토록 보존하고자 했던 정치철학의 위상에 미친 영향에 대해 논한다.

베버는 사회과학이 자연과학처럼 과학성에 입각해 사회 현상을 이해해야 한다고 주장한다. 그러나 자연과학이 자연의 모든 이치를 충분히 설명하지 못하듯이 사회과학은 복잡다단한 사회 현상들을 과학성에 근거해 설명하지 못한다. 과학성을 기준으로 사회 현상을 설명하는 사회과학자는 합리적으로 설명할 수 없는 부분을 주술의 영역 혹은 종교의 영역으로 남겨 둔다. 그러나 스트라우스는 사회 현상 가운데 합리적으로 설명할 수 없는 영역이야말로 인간사에서 가장 중요한 부문일 수 있다고 지적한다. 인간사에서 가장 중요한 것은 가치의 우열을 정하는 일이기 때문이다. 스트라우스에 따르면 정치철학이 바로 가치의 우열을 정하는 기능을 한다. 그러나 정치철학은 베버가 말하는 과학성의 기준에 미치지 못한다. 과학성의 기준에 부합하는 것만 탐구할 가치가 있다고 한다면, 정치철학은 탐구의 대상에서 제외된다(박성우, 2014).

정치철학자로서 스트라우스에게는 베버의 사실/가치 구분 문제를 재검토해야 할 절실한 이유가 있었다. 스트라우스는 정치철학을 공동체에서 추구되는 가치들 간 우열, 즉 가치들 사이의 객관적 지식을 추구하는 학문으로 정의한다. 그러므로 스트라우스의 관점에서 가치에 대한 지식을 원초적으로 부정하는 베버의 사회과학은 정치철학의 의미를 부정하는 것이나 다름없다. 사실과 가치가 구분되며 가치 영역에서는 사실상 과학적 지식이 불가능하다는 베버의 주장은 스트라우스에게 정치철학에 대한 심각한 도전이 아닐 수 없었다. 현대 정치에서 정치철학의 쇠퇴를 한탄하고, 정치철학의 이론적·실천적 가치 재정립을 학문적 목표로 삼은 스트라우스에게 베버의 사실/가치 구분에 대한 적절한 비판은 현대 사회에서 정치철학의 존재 근거를 회복하기 위한 필수 작업이었다(박성우, 2014).

스트라우스의 베버 비판은 가치에 대한 객관적 지식의 가능성, 요컨대 정치철학의 가능성을 입증하려는 의도를 담고 있다. 이를 위해 스트라우스는 베버가 가치에 대한 지식의 가능성을 처음부터 부정했다고 보는 대신 그런 결론에 이를 수밖에 없게 한 형이상학적 전제들을 추적했다.

베버는 가치에 대한 진정한 지식이 불가능하다고 판단

해 사실 영역에서나마 과학적 지식을 보존하기 위해 사실과 가치의 구분을 강조했다. 그러나 가치 영역에서 진정 과학적 지식이 불가능한지, 가치에 대한 절대적 앎이 불가능한지는 충분히 검토하지 않았다. 베버가 제시한 사실/가치 구분의 타당성을 검토하려면 그가 어떠한 근거로 가치에 대한 지식의 가능성을 부정했는지 재검토할 필요가 있었다. 이러한 맥락에서 스트라우스는 베버의 사실/가치 구분 밑바탕에 깔린 철학적·형이상학적 전제를 검토한 것이다(Strauss, 1953: 37; 박성우, 2014).

참고문헌

박성우(2014). "막스 베버의 사실-가치 구분에 대한 레오 스트라우스 비판의 정치철학적 의의". ≪한독사회과학논총≫, 24(3).

Behnegar, N.(2009). Strauss and Social Science. In Smith, S. B.(ed.). *The Cambridge Companion to Leo Strauss*. Cambridge: Cambridge University Press.

Pangle, T. L.(2006). *Leo Strauss: An Introduction to His Thought and Intellectual Legacy*. Baltimore, MD: Johns Hopkins University Press.

Strauss, L.(1953). Ch. 2. *Natural Right and History*. Chicago: University of Chicago Press.

04
근대정치철학 비판

스트라우스는 정치철학의 실종을 20세기 정치가 위기에 빠진 근본 원인으로 파악한다. 공동체의 선과 악, 정의와 부정의를 구분하는 절대적 기준을 제공해야 할 정치철학이 더 이상 그 역할을 다하지 못하게 됐다는 것이다. 정치철학이 자신의 고유 임무를 수행하지 못하면서 그에 대한 기대와 신뢰도 하락했다. 이러한 사태를 초래한 근본 원인은 무엇인가? 놀랍게도 스트라우스는 마키아벨리에서 니체에 이르는 근대정치철학의 전개 과정에서 그 답을 찾는다.

운의 정복과 근대정치철학

스트라우스는 여러 저서에서 현대 사회의 위기가 정치철학의 부재 또는 기능 상실 탓에 발생했다고 주장한다. 정치공동체가 선동과 광기에 휩쓸려 죄의식 없이 악을 자행할 때 정치철학이 선악을 가려낼 절대적 기준을 제시해야 하는데, 현대 사회의 정치철학은 그 기능을 완전히 상실했다는 것이다. 현대 정치철학은 각각의 공동체가 갖고 있는 정의관을 정당화하거나 체계적으로 대변하는 역할에 만족하고, 그 정의관이 보편적으로 옳고 타당한지에 대해서는 더 이상 천착하지 않는다. 스트라우스는 이러한 상황에 이른 근본 원인을 근대 이래 전개되어 온 정치철학의 전통에서 찾는다. 스트라우스는 인간 이성에 기반을 둔 근대정치철학이 역설적이게도 선악을 구분할 수 있는 인간 이성의 능력을 부정하는 방식으로 전개되어 왔다고 주장한다. 스트라우스가 근대정치철학의 전개 과정을 어떻게 해석하는지 좀 더 자세히 들여다보자.

일반적으로 근대정치철학의 가장 중요한 요소로 세속화의 원리가 꼽힌다. 내세관에 기초한 기독교적 신념에서 벗어나 현세의 세속적 관점으로 정치를 규정하는 것이 근대정치철학을 특징짓는 핵심 요소라는 것이다. 스트라우스는 이러한 견해에 동의하지 않는다. 스트라우스에 따르면 세속화는 모든 정치철학에 공통된 특징이지 근대정치철학의 전유물이 아니다. 근대정치철학의 세속화는 개인이 자연 상태에서 신적 요소와 무관하게 오로지 인간 이성을 통해 자연법을 발견하고 사회계약을 맺는다는 주장에서 확인된다. 그러나 고전정치철학에서도 최선의 정체를 찾는 과정에서 신화와 종교로부터 벗어나 인간의 이성(로고스)에만 의존하는 세속화가 시도됐다.

스트라우스는 고전정치철학과의 대조를 통해 근대정치철학의 핵심 원리를 발견하는데 이때 스트라우스가 강조하는 고전정치철학의 특징은 운(運)의 요소에 의존할 수밖에 없는 이상(理想)정치론이다. 스트라우스에 따르면 고전정치철학은 이성(로고스)을 통해 최선의 정체를 규정하지만, 그 정체의 실현은 결국 운에 달려 있다는 점을 강조한다. 스트라우스는 근대정치철학의 핵심이 정치철학에서 이 운의 요소를 배제하는 것에 있다고 주장한다. 스트라우스는 그러한 운의 배제를 시도한 최초의 사상가로 니콜로 마키아벨리(Niccolò Machiavelli)를 지목한다(Strauss, 1989: 84).

일반적으로 마키아벨리는 정치의 목적을 '정치가 어떠해야 하는가'라는 당위가 아니라 '정치는 어떻게 운영되고 있는가'라는 현실 속에서 찾는다는 점에서 근대 정치사상의 문을 연 사상가로 평가받는다. 현실 정치의 의의를 강조한 마키아벨리는 인간의 탁월성을 아레테(arete)에서 비르투(virtu)로 전환했다. 다시 말해 인간의 탁월성을 품성이나 도덕성이 아니라 공동체의 목적에 기여하는 '능력'에서 찾은 것이다. 스트라우스는 이를 통해 마키아벨리가 고전정치철학에 결부되었던 운의 요소를 배제했다고 분석한다. 고전정치철학에서 아레테를 가진 자의 출현이 운에 의존하는 반면, 비르투를 지닌 자는 역사와 현실에서 쉽게 발견할 수 있다.

이 대목에서 스트라우스는 마키아벨리가 운을 '정복'하기 위해 정치의 목적을 하향 조정할 수밖에 없었다는 점을 특히 주목한다. 스트라우스에 따르면 운의 정복은 정치의 목적에서 당위를 배제할 때 가능한데, 이는 결국 정치의 하향화를 의미한다(Strauss, 1989: 86).

스트라우스는 마키아벨리 이후 근대적 자연관이 수용되면서 운을 정복하려는 근대정치철학의 시도가 점차 강화됐다고 본다. 고전정치철학에서 퓌시스(자연)는 텔로스(telos, 목적)를 지닌 체계적 질서로 이해됐다. 그러나 텔로스는 인간의 이성으로 완전히 파악되지 않는 미지의 영역이다. 따라서 운의 요소는 인간사와 정치 공동체에서 배제될 수 없었다. 한편 근대적 자연관은 고전정치철학의 목적론적 자연관을 부정하고 자연을 체계 없이 존재하는 물질로 간주했다. 이에 따르면 자연은 더 이상 텔로스를 지닌 퓌시스가 아니라 인간의 삶을 이롭게 하는 재료를 제공하는 영역, 활용과 개발 그리고 노동의 대상일 뿐이다.

근대정치철학은 자연을 인위적인 것이 가미되지 않은, 아직 활용되지 않은 상태로 이해할 뿐 그 안에 어떤 질서나 목적을 부여하지 않는다. 이러한 자연 속에 존재하는 인간 역시 물질에 불과하고 그 어떤 형이상학적·도덕적 목적도 띠지 않는다. 인간이 자연 상태에서 추구하는 것은 자기 자신의 생존과 이익의 보존뿐이다. 자연 상태의 인간은 생존과 번영을 더욱 확고하게 유지하기 위해 자연 상태에서 벗어나 인위적으로 정체 공동체를 만드는 사회계약을 시도한다. 사회계약과 그것이 만들어 낸 근대 국가는 불안정한 자연을 개선하기 위한 인위적 성과물이다. 자연에 고유한 목적이 내재한다고 보는 고전정치철학과 매우 대조적인 자연관이다.

근대정치철학의 자연관에도 규범의 요소는 여전히 살아 있다. 근대정치철학을 주도한 홉스는 자연 상태에서 발견되는 자연법을 열거한다. 그러나 홉스의 자연법은 자연의 목적과 질서를 탐구함으로써 발견되는 자연에 내재한 법이 아니라, 자연 상태에서 인간의 이기적 목적을 실현하기 위한 조건으로 도출된 법이다. 스트라우스에 따르면 근대정치철학의 자연법은 진정한 의미에서 자연의 법(자연이 의도한 법)이 아니라, 자연권(자연 상태에서 허용된 개인의 권리)의 동의어에 불과하다. 스트라우스에 따르면 근대정치철학이 시도한 운의 정복은 자연에 대한 독특한 이해로 이어졌고, 이는 근대정치철학이 매우 독특한 방식으로 형성되는 결과를 낳았다(Strauss, 1989: 87-88).

루소의 인간성 회복

장자크 루소(Jean-Jacques Rousseau)는 근대정치철학이 전제한 자연관과 인간관에 새로운 문제를 제기했다. 홉스로 대표되는 근대적 자연관은 자연 본래의 모습이 아니라 가정적(假定的) 서술에 불과하다는 것이다. 홉스 역시 자신의 자연 상태론이 가정적임을 부인하지 않는다. 그러나 루소는 홉스의 가정적 자연관이 자연뿐 아니라 인간의 본질도 왜곡했다고 비판한다. 루소는 인간 본래의 모습, 가장 자연적인 인간성을 찾으려면 인공적 요소가 완전히 배제된 자연으로 거슬러 올라가야 한다고 주장한다(Strauss, 1989: 90-91).

루소가 본 인간은 홉스가 상정한 인간보다 훨씬 원시적이고 동물적이다. 루소에 따르면 인간은 다른 동물과 마찬가지로 생존을 추구하지만, 무작정 타인을 공격하지 않는다. 적어도 초기 자연 상태에서는 타인에 대한 불필요한 지배욕이나 권력욕을 갖지 않는다. 루소에 따르면 타인에 대한 지배욕과 공격성은 자기 자신에 대한 진정한 사랑인 '자기사랑(amour de soi)'이 타인과의 비교 속에서 허영심이 주를 이루는 '자기애(amour-propre)'로 전환되면서 파생된 인간성이다. 루소는 원시적 자연 상태에서 시간이 흐르면서 집단이 출현했고, 자부심과 허영심이라는 감정이 생겨나면서 자기애를 중시하는 인간성의 타락이 나타났다고 주장한다.

루소는 원시적 자연 상태로의 회귀가 가능하다고 여기거나 바람직하다고 주장하지 않았다. 역사의 전개는 불가피하다고 봤기 때문이다. 루소는 인간이 역사적 과정을 거치면서 사회성과 합리성을 습득했고, 소유권을 보장받기 위해 사회계약을 맺고 국가를 형성했다고 봤다. 근대 국가의 출현은 역사의 전개 과정에 불가피했다. 문제는 이렇게 근대 국가의 시민으로 살아가는 인간의 모습이 루소가 자연 상태의 황금기에서 발견한 인간성 본래의 모습과 거리가 멀다는 점이다. 근대적 시민은 어디에 살든 자유를 억

압받는 처지에 놓여 있다. 이러한 근대 국가의 모순을 해소하려는 루소의 기제가 바로 '일반의지' 원칙이다(Strauss, 1989: 92).

루소에게 '일반의지'는 공동체의 공동선과 공동체 구성원 개개인의 이익을 일치시키는 공식이다. 개인이 오직 공동체의 공동선 아래에서만 생존하고 번영할 수 있음을 받아들이는 상태에서 발견되는 '일반의지'는 언제나 옳으며 오류가 생길 수 없다. 애초에 개인의 사적 이익은 공동체의 존재를 전제하기 때문이다.

여기까지는 루소 정치철학에 대한 일반적 이해와 차이가 없다. 이제 스트라우스의 해석을 가미해 보자. 스트라우스는 루소가 일반의지 개념을 통해 마키아벨리가 저지른 정치 목적의 하향화를 개선하려 했다고 해석한다. 마키아벨리는 정치에서 당위(ought) 요소를 배제하고 사실(is) 요소만을 주목해 결과적으로 정치의 목적을 하향화했다. 한편 루소는 '일반의지'의 무오류성을 가정하면서 적어도 형식적으로는 공동체의 지배 원리에 당위와 사실 간 간극이 존재하지 않게 했다. 즉 루소는 마키아벨리가 축출한 당위 또는 도덕의 요소를 정치 영역에 다시 소환한 것이다(Strauss, 1989: 91).

문제는 일반의지의 실현 가능성이 매우 희박하다는 데

있다. 일반의지가 실현되려면 적정한 국가 규모나 인구수, 경제적 수준 등 외적 조건뿐 아니라 모든 시민이 공화적 덕성을 갖춰야 한다는 내적 조건이 충족되어야 한다. 그러한 조건의 충족은 현실적으로 매우 어려운 일이다. 이는 마치 고전정치철학에서 최선의 정체가 운의 요소에 의존할 수밖에 없는 상황과 유사하다.

스트라우스에 따르면 루소는 자신의 '역사적 감각'에 기대어 일반의지의 실현 가능성 문제에 대응했다. 즉 인간의 오랜 역사를 훑어보면 자연적 인간성의 타락뿐 아니라 사회성·합리성의 발전도 확인할 수 있다고 보았다. 스트라우스는 이러한 '역사적 감각' 혹은 역사 인식이 적어도 루소 자신이나 그의 계승자들에게는 '일반의지'의 실현 가능성을 강화해 주었다고 해석한다. 그들은 사회성과 합리성이 역사적 과정을 통해 확인되듯 '일반의지'가 미래의 역사적 과정을 통해 온전히 실현되는 방식으로 인간성이 완성될 수 있다고 봤다. 이러한 역사 인식은 역사에 대한 막연한 신뢰와 믿음에 기초한다(Strauss, 1989: 92-93).

스트라우스는 루소의 역사 인식이 이후 근대정치철학자들, 특히 이마누엘 칸트(Immanuel Kant)와 게오르크 빌헬름 프리드리히 헤겔(Georg Wilhelm Friedrich Hegel)에게 매우 강한 영향을 미쳤다고 본다(Strauss, 1989: 95). 어느 시대·사회에서든 과거의 일을 기록하거나 되새기지만, 거기서 인간성 전체의 흐름과 방향을 찾는 것은 역사에 대한 감각이 전제되지 않으면 불가능하다. 역사는 개별 행위 주체와 사건들에 의해 만들어지지만, 개별 행위자들이 의식하지 못하는 무언가 커다란 흐름이 있다는 것은 인간사의 주인공이 '역사'임을 의미한다. 이러한 사고의 흐름에 따르면 인간사는 인간이나 사건이 아니라 오로지 '역사'를 살필 때만 이해할 수 있다.

니체의 역사주의와 탈가치화

스트라우스는 니체에 이르러 루소 이래 칸트와 헤겔로 이어진 역사철학에서 '역사'에 대한 냉정하고 새로운 발견이 이뤄졌다고 지적한다. 니체는 이전까지의 역사철학이 '역사'가 모든 인간사의 능동적 주체라는 주장과, 그럼에도 역사는 개별 인간의 의식과 행위로 이뤄질 수밖에 없다는 사실 사이에서 어정쩡하게 타협해 왔다고 봤다. 예컨대 헤겔의 주장에 따르면 개별 행위자나 사건은 어떤 커다란 역사적 국면 속에서 인과관계를 형성하지만, '절대 순간'에 도달하면 의도치 않게 새로운 역사적 국면으로의 전환을 초래한다. 진정한 철학자는 이 마지막 '절대 순간'에 비로소 나타난다. 미네르바의 부엉이가 새벽에 날 수밖에 없는 이유다.

문제는 새로운 역사적 국면으로의 전환이 어떤 방향성을 띠고 어떤 종말을 맞이하는가다. '역사'를 의식한 행위자는 언제까지 '역사'의 운명에 수동적으로 몸을 맡길 것인가? 역사가 모든 인간사의 주인이라고 승복해야 하는가? 헤겔처럼 역사가 필연적으로 진보한다고 맹목적으로 믿지 않는다면, 누가 어떤 방향으로 기존 가치를 성공적으로 탈가치화하고 새로운 가치를 만들지는 알 수 없다. 역사의 새로운 국면을 창출하는 주체는 기존 가치를 뛰어넘는 새로운 가치의 창조자가 될 가능성이 크다.

니체는 '역사'라는 거대한 흐름을 파악하고 강한 권력의지로 새로운 가치를 창출하는 초인[위버멘쉬(Übermensch)]이 탈가치화를 이룰 수 있다고 봤다. 그러나 니체의 초인 사상은 여러 비판을 맞이했다. 무엇보다 자유민주주의는 초인 사상이 전제하는 사회와 자연의 위계질서라는 틀을 비판해 왔다. 스트라우스는 니체의 역사주의에서 더욱 근원적인 문제를 발견한다(Strauss, 1989: 96-97). 역사를 권력의지의 발현으로 해석하면 권력의지에 대한 가치판단이 불가능해진다는 점이다. 권력의지가 어떤 권력이 무엇을 만들어 내는지와 무관하게 얼마나 강한지로만 평가받게 되기 때문이다. 스트라우스에 따르면 근대정치철학은 니체에 이르러 철저하고 견고한 역사주의를 확립했으며, 이로써 가치상대주의에 문을 활짝 열었다.

참고문헌

박성우(2021). "스트라우스의 니체 해석을 통해 본 스트라우스 정치철학의 의도". ≪한국정치연구≫, 30(3).

Pangle, T. L.(2006). *Leo Strauss: An Introduction to His Thought and Intellectual Legacy*. Baltimore, MD: Johns Hopkins University Press.

Strauss, L.(1989). The Three Waves of Modernity. In Gildin, H.(ed.). *An Introduction to Political Philosophy: Ten Essays by Leo Strauss*. Detroit: Wayne State University Press.

05

고전정치철학의 회복

스트라우스는 근대정치철학이 교조적 교리에 얽매여 정치철학 본래의 목적을 수행하는 데 심각한 결함을 노출했으며, 그 유산을 물려받은 현대 사회는 정치철학의 불능 사태를 초래했다고 진단한다. 스트라우스는 이러한 사태를 극복할 방안으로 근대적 편견과 왜곡이 나타나기 전의 정치철학, 즉 고전정치철학으로의 회귀를 주장한다. 고전정치철학의 본질은 무엇이며, 고전정치철학으로의 회귀는 현대 사회의 문제를 해결할 수 있는 적절한 해결책인가?

'매개되지 않은' 고전정치철학

스트라우스는 근대정치철학이 '과학성'이라는 이념적 교리를 추구하는 과정에서 지속적으로 왜곡되어 왔다고 주장한다. 아울러 고대 그리스에 기원을 둔 고전정치철학을 근대정치철학과 대비한다. 스트라우스에 따르면 고전정치철학은 근대정치철학과 달리 정치 공동체에서 일어나는 현실 문제에 직접 반응하면서 형성됐다. 고전정치철학이 정치적 삶에 대한 '직접성(directness)'을 전제한다면, 근대정치철학은 이미 설정되어 있는 이념적 교리에 의해 매개된다(Strauss, 1989b: 59). 이념적 교리에 의해 매개된 정치철학은 실제 정치적 삶과 어느 정도 유리될 수밖에 없다(Tarcov, 2013: 66-67).

근대정치철학을 구성하는 이념적 교리는 근대 자연과학으로부터 온 과학 개념에 기초한다. 스트라우스에 따르면 근대정치철학은 근대적 과학 개념에 기초함으로써 방법론적 기준을 충족한 대가로 정치적 삶으로부터 제기되는 중요한 문제를 보는 시력을 잃었다. 즉 방법론적으로 타당하다는 평가를 받기 위해 별로 중요하지 않거나 이미 자명한 답이 있는 문제만을 다루게 된 것이다. 근대정치철학은 과학적 방법론을 사용한다는 명성을 누리는 대가로 정치적으로 긴요하고 반드시 해결해야 할 문제에서 점차 멀어졌다(Strauss, 1959: 79-81).

근대정치철학과 달리 고전정치철학이 정치적 삶의 핵심 질문으로 삼은 것은 무엇인가? 스트라우스는 최선의 정치 질서, 즉 최선의 정체에 대한 질문이었다고 답한다. 정치 공동체의 모든 해악은 질서의 부재, 정체의 불완전함에서 나온다. 스트라우스에 따르면 이러한 해악에서 벗어날 수 있는 가장 이상적인 정체는 무엇이며, 그것을 어떻게 실현할 수 있을지 해명하는 것이 바로 고전정치철학의 핵심 문제였다(Strauss, 1959: 85).

물론 정치적 삶에 대한 '직접성' 측면에서 보면 이상적 정체를 탐색하는 것 역시 '지금 이곳'의 정치 공동체 문제와 직접 연결되지는 않는다. 그러나 자연과학적 방법론에 얽매인 근대정치철학에 비하면 이상적 정체를 탐색하고 그 실현 가능성을 고민하는 고전정치철학은 현존하는 정치 공동체 문제에 훨씬 직접적으로 관여한다.

스트라우스에 따르면 고전정치철학은 근대정치철학과 달리 교조적 구분법에 집착하지 않는다. 반면 근대정치철학은 '자연 상태'와 '시민 사회'를 엄격히 구분한다. 이때 '자연 상태'란 현실적으로 경험하는 정치적 삶에서 도출되는 것이 아니라 철학적 가정에 의해 '과학적'으로 추론되는 결과다. 홉스, 로크, 루소 등 근대 사회계약론자들이 가정한 '자연 상태'를 떠올려 보라. 이 중 어느 것도 현실의 정치적 삶은 반영하지 않으며, 가정적 조건에 의해 도출된 추상적 개념일 뿐이다. 문제는 이러한 추상적 개념으로는 정치 공동체에서 발생하는 혼란에 질서를 부여할 수 없다는 데 있다.

공동체에 질서를 부여하려면 무엇이 공동체에 결정적으로 필요한지 따져 물어야 한다. 대개 공동체가 요하는 여러 사안은 복잡하게 얽혀 있으므로 중요도에 따라 경중을 가려야 한다. 그런데 공동체에 사소하고 일시적인 문제와 중대하고 항구적인 문제를 구분하려면 공동체 내부의 일을 미시적으로 관찰하는 것만으로는 부족하다. 공동체 안팎에 대한 포괄적 지식을 갖추어야 한다.

스트라우스는 공동체에 대한 포괄적 지식과 그에 기반해 근본 문제를 파악하는 능력이 특정한 공동체의 문제를 넘어 자연에 대한 포괄적이고 절대적인 지식, 즉 자연의 위계질서에 대한 지식을 요한다고 지적한다. 스트라우스에 따르면 고전정치철학은 자연의 위계질서에 대한 이해를 바탕으로 공동체의 근본 문제를 성찰했다(Strauss, 1989b: 73-75).

자연을 위계질서로 파악하는 고전정치철학은 자연을

경험과 관찰의 대상으로 보는 근대정치철학과 확연히 구분된다. 스트라우스는 자연을 포괄적이고 위계적으로 이해하는 고전정치철학만이 무엇이 공동체에 바람직한지 객관적으로 판단할 수 있다고 주장한다. 이것이 스트라우스가 근대정치철학의 유산에서 벗어나 고전정치철학으로 회귀해야 한다고 주장하는 근본 이유다.

심판관으로서 정치철학자

고전정치철학이 공동체의 문제에 직접 관여할 때 가장 먼저 제기되는 중요 사안은 무엇이 정의인지를 가려내는 것이다. 정치철학은 공동체의 운영에 객관적이고 절대적인 기준을 세워 여러 견해 가운데 어느 것이 옳은지 결정해야 한다. 정의에 대한 판단이 내려지지 않으면 공동체는 무질서해지고, 급기야 내전이 발생할 소지도 있다. 스트라우스에 따르면 고전정치철학에서 정치철학자는 자연의 질서를 기준으로 무엇이 절대적으로 옳은지 선언해 궁극적으로 공동체의 심판관 역할을 할 수 있다(Strauss, 1989b: 62; Strauss, 1959: 84).

스트라우스는 정치철학자가 심판관 역할을 담당하려면

다른 시민과 구별되는 매우 독특한 성향을 지녀야 한다고 지적한다. 즉 정치철학자는 정치 공동체를 초월하는 근본 질문을 던질 능력이 있어야 한다. 그런데 근본 질문을 제기하는 정치철학자의 초월적 지혜는 공동체의 구성원들에게 곧바로 이해되지 않는다. 또한 공동체의 문제를 직접 다루는 것처럼 보이지도 않는다. 따라서 정치철학자의 초월적 지혜는 공동체에 적용 가능한 실천적 지혜로 재해석되어야 한다. 본래 실천적 지혜는 공동체를 잘 운영하는 데 적용할 수 있는 지혜를 의미한다. 철학자가 아니라 탁월한 정치가가 소유하는 지혜다. 다만 이 지혜는 시대와 장소를 초월해 어느 공동체에나 필요하다. 따라서 고전정치철학은 실천적 지혜를 가르치고 전수하는 일을 진정한 정치학 혹은 정치과학으로 일컫는다.

탁월한 정치가에게만 나타나는 실천적 지혜를 정치철학이 어떻게 전수할 수 있단 말인가? 스트라우스는 정치철학자가 직접 공동체의 입법에 관여하거나 법률에 가치판단을 내리는 대신 입법자와 정치가의 스승이 되어야 한다고 주장한다.

스트라우스는 고전정치철학자가 입법자와 정치가의 스승 노릇을 하려 할 때 소피스트의 도전에 직면한다고 지적한다. 소피스트는 정치가 말과 설득을 통해 이뤄지므로 실천적 지혜란 설득의 기술인 수사학(修辭學, rhetoric)을 전수하는 것이라고 주장한다. 소피스트에 따르면 수사학이야말로 어느 정치 공동체에나 보편적으로 적용할 수 있는 기술이라는 점에서 진정한 '정치(과)학'이다. 고전정치철학은 수사학이 진정한 정치학, 보편적 정치(과)학이 될 수 있다는 주장을 전면 부정한다. 수사학은 무엇을 설득할지 가르치지 않고 어떻게 설득할지만을 가르치기 때문이다. 수사학은 고전정치철학과 달리 정치 공동체가 잘 운영된다는 것이 무엇을 의미하는지에 대해 근본적 질문을 던지지 않는다(Strauss, 1959: 82-83).

모든 정치 공동체가 추구하는 보편적 목표는 공동체의 지속과 번영이다. 이러한 목표를 달성하려면 공동체 내부가 안정과 조화를 이뤄야 하며, 모든 구성원이 공동선(common good)을 추구하는 덕성을 지녀야 한다. 그런데 어떤 공동체가 추구하는 공동선이 진정 '공통적(common)'이라고 할 수 있는가? 공동체 구성원의 관점에서 공동선은 사적 이익을 초월하는 공동체 전체의 선이지만, 공동체 바깥에서 보면 한낱 특정한 공동체의 개별·사적 이익에 불과하지 않은가? 이것이 고전정치철학이 정치 공동체에 던지는 근본 질문이다.

정치에서 이러한 문제 제기는 무의미하고 불필요해 보

인다. 공동체의 지속과 번영이라는 목적은 굳이 대외적으로 정당성을 확보할 필요 없는 당위로 간주되기 때문이다. 그러나 자신이 속한 공동체의 사적 이익만을 맹목적으로 추구해야 한다고 여겨지면 공동체 내부에서도 구성원들이 왜 서로 사적 이익 추구를 양보하고 공동선을 추구해야 하는지 설득하기 어렵다. 플라톤과 같은 고전정치철학자는 어떤 공동체가 대외적으로 부정의를 행해도 구성원들끼리만 서로 정의로우면 된다고 여긴다면, 그 공동체는 도적 떼와 다르지 않다고 지적한다. 또한 도적 떼와 같은 공동체는 결코 장기적으로 지속될 수 없다고 가르친다. 문제는 누군가가 공동체의 범주를 넘어서는 공동선 혹은 정의를 주장하면 정신 나간 사람 혹은 공동체의 이익을 해치는 사람으로 여겨지기 쉽다는 데 있다.

고전정치철학이 정치 공동체에 던진 근본 질문은 일찍이 제기된 적이 없던 초월적이고 일견 반(反)공동체적인 질문이지만, 그 질문이야말로 공동체의 지속 가능성에 대한 가장 진지한 고민에서 온 것이다. 그러나 스트라우스는 이러한 질문을 직설적 언어로 표현하는 것은 위험한 일이라고 지적한다. 이에 따라 정치철학자는 정치적 삶의 언어가 아니라 다른 차원의 언어(예컨대 형이상학적 언어)를 사용해 정치적 삶을 초월하는 모습을 보일 수밖에 없다.

정치철학의 딜레마: 정치의 법정에 선 철학

정치철학이 추구하는 최선의 정체는 도적 떼처럼 자신의 이익만을 배타적으로 추구하는 공동체가 아니다. 최선의 정체는 공동체가 추구하는 공동선이 대내적으로뿐 아니라 대외적으로도 정당성을 띠어야 한다는 점을 알고 있다. 이 최선의 정체는 '가장 훌륭한 자'에 의해서 지배되는데, 이 사람은 공동체의 범주를 초월하는 보편적 지식을 갖고 있거나 적어도 그러한 지식을 사랑하는 자다. 고전정치철학에서 '가장 훌륭한 자'는 다름 아닌 철학자를 가리킨다.

최선의 정체가 아닌 타락한 정체에서는 누가 진정한 철학자인지 알 수 없고, 철학자가 확인된다고 해도 공동체의 지배자가 될 수 있을지는 불확실하다. 고전정치철학은 일반적인 정체에서 '가장 훌륭한 사람' 즉 철학자가 훌륭한 시민과 일치하지 않는다는 점에 주목한다. 철학자는 훌륭한 사람이지만, 자신이 속한 정체의 목적에 성실하게 의무를 다하는 훌륭한 시민과는 구분된다. 따라서 철학자가 제시하는 정의론은 일반적인 정체에서 훌륭한 시민이 제시하는 정의론과 일치하지 않는다. 철학자는 공동체를 초월하는 보편적 정의를 추구하는 반면 훌륭한 시민은 자신이 속한 공동체에 이로운 정의를 추구한다(Strauss, 1959: 90;

Tarcov, 2013: 73-74).

스트라우스는 고전정치철학이 이러한 철학과 정치 공동체 간 갈등을 의식하고 있다고 지적한다(Strauss, 1959: 90). 정치 공동체는 철학에 정치적 핍박을 가할 동기가 있다. 철학자는 공동선의 추구에 비판적일 수 있으며, 이로 인해 공동체의 연대를 해칠 수 있는 존재기 때문이다.

철학자가 정치 공동체에 얼마나 유용한지는 정치적 판단 대상이다. 철학자는 정치의 법정에 설 가능성이 높다. 소크라테스는 이러한 상황을 극적으로 경험한 철학자로, 정치의 법정에서 단죄되었다. 이렇듯 정치철학은 정치적으로 핍박당할 가능성을 늘 염두에 두어야 한다(Strauss, 1989a: 150).

이런 맥락에서 스트라우스는 고전정치철학을 '정치를 철학적으로 수행'하는 작업이 아니라 '철학을 정치적으로 수행'하는 작업으로 규정한다(Strauss, 1989b: 77-78; Strauss, 1959: 93-94). 앎과 진리를 사랑하는 철학자에게 공동체의 범주를 초월하는 지식 추구는 거부할 수 없는 소명이다. 그러나 그러한 철학적 삶을 온전히 누리려면 정치적 고려를 해야 한다는 것이 스트라우스가 규정하는 고전정치철학의 핵심이다.

소크라테스는 철학의 본질을 보유한 철학자였다. 그러

한 철학자가 또다시 정치적으로 핍박받을 가능성은 언제든 열려 있다. 스트라우스가 고전정치철학의 회복을 주장한 것은 근대정치철학이 상실한 정치철학자의 기능, 즉 가장 보편적인 관점에서 옳고 그름을 판단하는 심판자로서의 기능을 되살리기 위함이다. 문제는 그러한 정치철학이 정치적 핍박을 받을 가능성이 높다는 것이다. 혹자는 현대 국가에 소크라테스처럼 정치적으로 핍박받는 철학자는 더 이상 존재하지 않는다고 답할지 모른다. 현대 국가가 철학자에게 관용을 베풀고 있기 때문일까? 스트라우스는 현대 국가에는 소크라테스와 같은 진정한 철학자가 존재하지 않기 때문이라고 답할 것이다.

참고문헌

Strauss, L.(1959). Ch. III. *What Is Political Philosophy and Other Studies.* Glencoe, IL: The Free Press.

Strauss, L.(1989a). Ch. 7. In Pangle, T. L.(ed.). *The Rebirth of Classical Political Rationalism.* Chicago: University of Chicago Press.

Strauss, L.(1989b). On Classical Political Philosophy. In Gildin, H.(ed.). *An Introduction to Political Philosophy: Ten Essays by Leo Strauss.* Detroit: Wayne State University Press.

Tarcov, N.(2013). Leo Strauss's "On Classcial Political Philosophy". In Major, R.(ed.). *Leo Strauss's Defense of the Philosophic Life: Reading What is Political Philosophy?* Chicago: University Of Chicago Press.

06

소크라테스 문제

전형적인 철학적 삶을 살았던 소크라테스는 아테네의 법정에서 사형 판결을 받았다. 혹자는 이 사건을 괴상한 철학자 소크라테스와 난폭하고 변덕스러운 아테네 민중 사이에 발생한 우발적 해프닝으로 본다. 반면 스트라우스는 이 사건을 정치와 철학의 갈등이 빚은 필연적 결과로 이해한다. 스트라우스에 따르면 플라톤 정치철학과 그것을 계승한 고전정치철학은 바로 이 '소크라테스 문제'에 철학이 어떻게 대응해야 할지 고민한 결과다.

'소크라테스 문제'의 출발점

고대 그리스 철학자 소크라테스의 삶과 죽음을 어떻게 해석할지는 철학사에 남은 커다란 문제 중 하나다. 소크라테스의 삶과 죽음을 둘러싼 '소크라테스 문제'는 스트라우스에게뿐 아니라 플라톤 연구사의 중심 주제다. 스트라우스가 주목한 '소크라테스 문제'의 의의를 논하기에 앞서, 서양 철학의 전통에서 '소크라테스 문제'가 무엇을 의미하는지부터 간략히 살펴보자.

'소크라테스 문제'는 서양 철학의 기원으로 인정받는 소크라테스가 저작을 하나도 남기지 않았다는 사실에서 출발한다. 이는 결코 우연이 아니라 소크라테스의 분명한 철학적 의도에 따른 결과였다. 소크라테스는 철학의 본질이 상대의 의견(doxa)에서 진리를 이끌어 내는 것이라고 봤다. 따라서 철학은 문답을 통한 대화로만 가능하다는 신념을 갖고 있었다. 반대로 '글쓰기'는 철학의 본질을 충실히 이행하기 어려운 수단이라고 여겼다(플라톤, 2012: 134-145).

소크라테스가 남긴 유일한 문건은 그가 법정에서 행한 최후 변론(apologia)이다. 이마저도 소크라테스의 제자로 알려진 플라톤에 의해 저술되었지만, 서양 철학사의 전통은 플라톤의 ≪변론≫이 소크라테스가 실제로 행한 최후

변론과 일치한다고 본다. 이 때문에 ≪변론≫은 소크라테스의 행적에 대해 알려 주는 가장 신뢰할 만한 문건으로 간주된다.

≪변론≫ 외에 소크라테스의 행적을 보여 주는 문건으로는 플라톤의 다른 저작과 크세노폰의 저작이 있다. 크세노폰은 한때 소크라테스의 제자였으나, 학자보다는 장군과 정치인으로서 성격이 더 강했다. 따라서 서양 철학은 전통적으로 크세노폰보다 플라톤이 소크라테스의 철학적 입장을 더 잘 대변했다고 본다. 플라톤, 크세노폰과 더불어 동시대인으로서 소크라테스의 철학을 주제로 저작을 남긴 인물로는 그리스의 희극 작가 아리스토파네스가 있다. 아리스토파네스의 희곡 ≪구름≫은 ≪변론≫에서도 거론될 만큼 당대 아테네인들에게 소크라테스의 이미지를 각인시킨 대표적인 작품이다(박성우, 2014: 252, 278).

이처럼 플라톤, 크세노폰, 아리스토파네스는 동시대인으로서 소크라테스의 삶과 죽음 그리고 그의 철학을 기록했다. 이들의 기록 가운데 어떤 것이 실제로 존재했던 '역사적 소크라테스'를 가장 잘 묘사했는지 밝히는 일은 '소크라테스 문제'가 남긴 유산이다.

서양 철학의 전통은 플라톤이 소크라테스의 철학을 가장 잘 계승했다고 보고, 그의 저술이 소크라테스의 철학을 심도 있게 천착했다고 평가한다. 그러나 플라톤의 대화편에 등장하는 소크라테스가 '역사적 소크라테스'와 완벽히 일치한다고 보지는 않는다. 플라톤의 저술은 소크라테스에 대한 역사적 기록이 아니라 소크라테스의 철학을 나름대로 해석해 낸 철학적 결과물이기 때문이다. 기본적으로 플라톤의 저술에 나오는 소크라테스는 플라톤이 창조한 등장인물이다. 따라서 플라톤 정치철학의 본질은 '역사적 소크라테스'와 '플라톤적 소크라테스'의 차이를 어떻게 이해하는지에 달려 있다.

스트라우스는 '역사적 소크라테스'와 '플라톤적 소크라테스'의 차이가 소크라테스의 죽음에 기인한다고 파악한다. 소크라테스는 아테네의 법정에서 사형 선고를 받고 처형당했다. 평생 철학적 활동에 집중하며 철학적 삶을 고수한 소크라테스가 정치적으로 핍박받은 이유는 무엇인가? 소크라테스 철학을 계승하려 한 플라톤의 입장에서 소크라테스가 겪은 정치적 핍박은 심각한 문제가 아닐 수 없었다. 더구나 플라톤은 그러한 핍박을 우연한 사건이 아니라 철학에 대한 정치적 혐오에 기인한 불가피한 사건으로 파악했다.

'소크라테스 문제'에서 가장 심각한 부분은 철학에 대한 정치적 핍박이 불가피하다고 할 때 철학이 이에 어떻게 대응할지와 관련된다. 스트라우스는 플라톤 정치철학의 핵심, 나아가 고전정치철학의 본질이 여기 있다고 주장한다.

소크라테스의 죽음과 고전정치철학

스트라우스에 따르면 '소크라테스 문제'는 시민으로서 소크라테스와 철학자로서 소크라테스 간 불가피한 긴장 관계, 좀 더 일반적으로 표현하자면 정치와 철학의 갈등에 뿌리박고 있다. 스트라우스는 소크라테스의 죽음으로 표출된 정치와 철학의 갈등을 감지하고, 플라톤이 이 갈등에 대해 어떤 대응책을 내놓았는지 이해하는 것이 고전정치철학의 요체라고 주장한다.

스트라우스는 시민으로서 소크라테스와 철학자로서 소크라테스 간 근원적 갈등에 주목한다. ≪변론≫에서 소크라테스는 자신이 시민으로서 책무를 다한 성실한 시민임을 강변한다. 그러나 소크라테스는 여느 시민들과 달리 철학적 활동을 삶의 방식으로 고수한 인물이었다. 소크라테스는 동료 시민들에게 '인간의 훌륭함(덕)이란 무엇인가'(예컨대 정의란 무엇인가)를 캐물으며 대화를 통한 철학적 활동을 전개했다.

소크라테스의 철학적 활동은 편파적이지 않고 보편적인 절대적 정의를 추구한다는 점에서 존경받을 만하다. 그러나 동시에 소크라테스의 질문은 공동체가 이미 합의를 이룬 정의를 부정하거나 정의에 대한 공동체의 범주를 초월할 가능성을 연다. 예컨대 '정의란 무엇인가'라는 소크라테스의 질문은 법정에서 내린 판결이 곧 정의라고 믿은 아테네 시민들에게 다수에 의한 판결이 과연 정의인지에 대한 의심을 불러일으켰다.

또한 정의의 보편성을 강조하다 보면 궁극적으로 일국의 정의관을 넘어 더욱 보편적인 선(善)의 존재(예컨대 글로벌 정의나 우주적 정의)를 지향하게 되고, 그 결과 자신이 속한 공동체에 맹목적으로 충성하기를 거부할 가능성도 있다. 철학자로서 소크라테스는 이 문제를 잘 알고 있었지만 노골적으로 드러내지 않았다. 그래서 플라톤은 ≪국가≫에서 '글로벌 정의' 문제를 직접 논의하지 않았다. 그러나 스트라우스는 플라톤이 이 문제를 인지하고 있었다고 해석한다.

스트라우스에 따르면 아테네인들은 이러한 철학자의 위험 요소를 잘 알았기 때문에 소크라테스를 정치적으로 핍박했다. 당시 아테네인들은 정의가 기본적으로 일국의 범주를 초월할 수 있다는 철학적 입장이 정치 공동체에 심각한 도전임을 알고 있었다는 것이다. 이렇게 보면 당시 아테네가 소크라테스를 핍박했던 것은 민주정이었기 때문이 아니다. 정체의 종류를 불문하고 공동체적 가치에 대한 철학적 접근은 위협 요소로 비쳤을 가능성이 크다.

더욱이 장차 공동체를 이끌어 나갈 젊은이들에게 이러한 철학적 태도를 주입하는 것은 매우 위험해 보였을 것이다. 스트라우스에 따르면 아테네인들이 젊은이를 타락시킨다는 죄목으로 소크라테스를 처형하려 한 것은, 아테네인들이 무지했기 때문이 아니라 오히려 정치와 철학의 본질을 꿰뚫어 보고 있었기 때문이다.

또 다른 딜레마: 철학과 종교의 갈등

소크라테스가 아테네 공동체에 위협적으로 비쳤던 것은 단지 공동체가 추구하는 정치적 가치에 대항해 철학적 보편성을 추구했기 때문만은 아니다. 아테네 공동체를 지탱한 또 다른 요소는 신과 신화에 대한 존중이었는데, 소크라테스는 이에 대해서도 철학적 일관성을 요구했기 때문이다.

소크라테스는 젊은이들을 타락시켰다는 죄목뿐 아니라 아테네에 새로운 신, 즉 '다이몬(daemōn)'을 끌어들였다는 죄목으로도 기소됐다. 그러나 사실상 아테네인들이 심각한 문제로 여겼던 것은 신을 대하는 소크라테스의 태도가 철학적이라는 데 있었다(박성우, 2004: 39). 소크라테스는 ≪변론≫에서 자신이 무신론자가 아니라는 것을 입증하는 데에도 철학적 논증을 사용했다. 스트라우스는 아테네인들이 소크라테스의 종교성을 문제 삼았던 것은 그들이 종교적으로 신실했기 때문이 아니라, 종교에 대한 소크라테스의 철학적 태도가 결국 정치적 문제를 야기할 것이라고 판단했기 때문이라고 해석한다(Strauss, 1989: 153-154).

아테네인들은 공동체 구성원이 믿는 신이 자신들의 공동체적 결속을 뒷받침한다고 인식했다. 이런 상황에서 공동체의 신을 무조건적으로 숭배하는 대신 철학적 논증을 사용하는 것은 공동체의 종교적 토대뿐 아니라 종교와 결부된 정치적 가치에 대해서도 심각한 도전이라고 봤다.

스트라우스에 따르면 철학과 종교의 갈등은 소크라테스가 불경죄로 사형 선고를 받은 것처럼 철학자가 처한 보편적인 조건이다. 이런 맥락에서 중세 이슬람 국가나 유대 국가의 철학자들이 겪었던 철학과 종교의 노골적인 갈등도 신정정치의 맥락보다 철학과 종교 간 근원적 갈등의 맥락, 즉 소크라테스적 맥락으로 이해할 수 있다(박성우, 2014: 37-41).

정치, 철학, 종교의 삼자 갈등

철학자의 정체성은 기본적으로 소크라테스처럼 'X란 무엇인가(What is X)'를 탐구하는 데 있다. 이러한 탐구는 전적으로 인간의 이성에만 의존하므로, 그 과정에서 정치 공동체의 공동선이 위협받거나 신적 계시에 반하는 사태가 벌어지더라도 아랑곳하지 않는다. 따라서 철학자는 늘 잠재적으로 정치 공동체 그리고 공동체와 연대하는 종교와 갈등할 수밖에 없다. 스트라우스는 '소크라테스 문제'에서 출발한 플라토니즘(Platonism)이 정치와 철학의 갈등, 철학과 종교의 갈등을 전제하는 고전정치철학을 낳았다고 해석한다(Strauss, 1953: 140-144).

누구든 소크라테스처럼 정의 자체가 무엇이고, 용기 자체가 무엇인지 "캐물"으면 아테네가 아닌 어디서든 정치적으로 핍박받을 위험에 노출된다. 소크라테스가 행한 "캐물음(exetasis)"이 철학적 활동의 본질이라면 철학과 정치 공동체의 갈등은 불가피하다. 스트라우스에 따르면 정치는 기본적으로 공동체의 연대성을 요하고, 이를 위해 절대적 지식과 거리가 있는 믿음과 신화에 의존할 수밖에 없다. 반면 철학은 원론적으로 공동체 유지에 개의치 않으며, 공동체의 연대성을 해치는 한이 있더라도 진리만을 추구한다(Strauss, 1952: 34). 스트라우스에게 소크라테스의 죽음이라는 사건은 정치와 철학의 불가피하고 근본적인 갈등이 표출된 사건이다.

스트라우스는 고전정치철학의 출발점에 소크라테스가 있다고 지적한다. 문제는 그러한 소크라테스가 그의 재판과 죽음이 상징하듯 정치와 철학의 갈등에 휩싸여 있다는 점이다(Strauss, 1959: 84-85). 스트라우스에 따르면 소크라테스의 죽음은 특정한 역사적 시점에 한 사람의 철학자와 아테네 민주정이라는 특수한 정체가 빚어낸 우발적 사건이 아니다. 철학자와 정치 공동체의 갈등은 보편적인 현상이기 때문이다.

스트라우스는 소크라테스의 죽음 이전부터 정치와 철학의 갈등을 예견한 아리스토파네스의 희곡을 주목한다(Strauss, 1989: 103-116). 아리스토파네스는 ≪구름≫에서 소크라테스를 인간사와 관계없는 '천상과 지하'에 대해 탐구하는 자연철학자 혹은 '약한 논변을 강한 논변으로 바꿔주는' 소피스트로 묘사한다. 이 희곡은 소크라테스에게 강한 반감을 가진 아테네인이 소크라테스의 학원에 불을 지르면서 끝난다. 스트라우스는 이러한 아리스토파네스의 이야기가 소크라테스에 대한 단순한 희화화가 아니라 소크라테스 철학이 맞이할 운명적 상황에 대한 경고였다고 해석한다.

스트라우스는 플라톤 정치철학을 아리스토파네스의 경고에 대한 응답으로 이해한다. 아리스토파네스의 경고는 대중이 결코 소크라테스의 철학적 의도를 제대로 이해하지 못할 것임을 지적한다. 혹자는 소크라테스를 자연철학자로 혹자는 소피스트로 오해할 것이라고 시사한다. 스트라우스의 해석대로 플라톤이 아리스토파네스의 경고를 받아들였다면, 플라톤은 철학자로서 어떤 대응을 해야 했는가? 스트라우스의 플라톤 해석과 플라토니즘은 이 질문에 대한 답이었다(Strauss, 1989: 150-168).

참고문헌

박성우(2004). "플라톤의 <변명>과 소크라테스적 정치적 삶". ≪한국정치학회보≫, 28(2).

박성우(2014). ≪영혼 돌봄의 정치: 플라톤 정치철학의 기원과 전개≫. 인간사랑.

플라톤 지음, 김주일 옮김(2012). ≪파이드로스≫. 이제이북스.

Strauss, L.(1952). Ch. 2. *Persecution and the Art of Writing.* Chicago: University of Chicago Press.

Strauss, L.(1953). Ch. 3. *Natural Right and History.* Chicago: University of Chicago Press.

Strauss, L.(1959). Chs. I, III. *What Is Political Philosophy and Other Studies.* Glencoe, IL: The Free Press.

Strauss, L.(1989). Ch. 7. In Pangle, T. L.(ed.). *The Rebirth of Classical Political Rationalism.* Chicago: University of Chicago Press.

07
플라토니즘

스트라우스는 매우 독창적인 플라톤 읽기를 통해 플라톤에 대한 이례적 해석을 내놓았다. 전통적 플라토니즘이 플라톤의 형이상학, 특히 이데아론에 집중했다면 스트라우스는 이를 평가 절하한다. 스트라우스는 플라톤 정치철학의 핵심으로 간주되는 이상 국가론에 대해서도 역설적 해석을 제시한다. 플라톤은 결코 이상 국가의 실현 가능성을 염두에 두지 않았다는 것이다. 스트라우스가 이처럼 이단적인 플라토니즘을 제시한 이유는 무엇인가? 스트라우스의 플라토니즘은 그가 구축한 정치철학의 중심 주제와 어떻게 연관되는가?

스트라우스의 플라톤 읽기

스트라우스의 플라톤 읽기는 플라톤의 저술이 띠는 '대화편'의 형식을 적극 고려한다는 점에서 다른 해석들과 큰 차이를 보인다. 플라톤의 대화편은 등장인물이 일정한 극적 배경에서 행하는 철학적 대화에 대한 기록이다. 대부분 소크라테스가 주인공이지만, ≪파르메니데스≫처럼 소크라테스가 부차적 인물로 등장하거나 ≪법률≫처럼 아예 등장하지 않는 대화편도 있다.

스트라우스는 플라톤의 의도를 제대로 이해하려면 등장인물의 발언뿐 아니라 대화편을 구성하는 모든 형식적 요소를 고려해야 한다고 주장한다. 나아가 스트라우스는 대화편에 포함되어 있지는 않지만 그것이 암시하는 외부 요소까지 고려해야 한다고 주장한다. 예컨대 ≪국가≫에는 폴레마르코스라는 인물이 등장하는데, 독자는 그가 아테네 과두정 혁명기에 이미 처형당했다는 사실을 떠올려야 한다(Strauss, 1964: 63).

스트라우스의 플라톤 읽기는 등장인물의 역사적 배경은 물론 대화가 이루어진 시간과 장소, 대화의 내용을 전달하는 내레이션 방식까지 고려한다. 그런데 스트라우스가 플라톤의 모든 저작에 직간접적으로 연결된 공통 배경으로 꼽는 것이 있다(Strauss, 1989: 153-154). 바로 소크라테스의 재판과 죽음이다. 스트라우스는 이 사건이 플라톤으로 하여금 대화편이라는 독특한 글쓰기 형식을 채택하게 한 결정적 계기였다고 해석한다. 대화편 형식을 통해 철학을 정치적 핍박으로부터 보호하려 했다는 것이다.

스트라우스에 따르면 플라톤의 글쓰기 형식은 단순히 문학적 독창성이 발휘된 결과라기보다 주도면밀한 정치적 고려에 따라 선택된 것이었다. 대화편 형식은 저자의 철학적 입장을 직설적으로 드러내는 대신 등장인물의 논지를 전달하는 것이므로 플라톤은 정치적으로 위험한 주장으로부터 한발 떨어져 있을 수 있었다.

플라톤의 그 어떤 저술에서도 플라톤이 대화에 참여하는 대목을 찾아볼 수 없다는 것은 스트라우스의 해석을 뒷받침한다. 물론 아테네인들은 작중 소크라테스가 플라톤의 입장을 대변한다고 의심할 수 있었지만, 작중 인물의 죄를 플라톤에게 묻기는 어려웠을 것이다. 스트라우스에 따르면 플라톤의 대화편 형식은 자신과 후대 철학자들을 정치적 핍박으로부터 보호하는 장치였다. 아울러 스트라우스는 플라톤 정치철학뿐 아니라 고전정치철학 전체가 소크라테스의 죽음에 대한 철학적 대응, 즉 철학이 겪을 수 있는 정치적 핍박에 대한 대응이라고 규정한다.

스트라우스는 플라톤이 소크라테스의 삶과 죽음을 가까이에서 목격하며 정치와 철학의 갈등을 이해했다고 해석한다. 그 과정에는 희극 작가 아리스토파네스가 개입되어 있다. 스트라우스에 따르면 아리스토파네스는 철학에 대한 정치적 핍박을 대비해야 한다고 플라톤을 일깨운 인물이다. 순진한 역사적 소크라테스가 정치와 철학의 갈등이 얼마나 심각하고 불가피한지 인식하지 못했을 때 아리스토파네스가 그 심각성을 지적했기 때문이다(Strauss, 1989: 103-117).

아리스토파네스가 ≪구름≫에서 묘사한 소크라테스는 신의 한계를 거침없이 폭로하고 감히 제우스의 자리를 "소용돌이, 구름, 대기" 등으로 대체하는 순진함을 보인다. 순진한 소크라테스는 결국 그의 아카데미가 방화로 불타는 불운을 맞이한다. 물론 스트렙시아데스라는 인물이 아카데미에 불을 지른 것은 자신의 아들이 소크라테스 때문에 타락했다고 오해했기 때문이다. 이 희극에 나타난 소크라테스의 모습은 '아테네에 새로운 신을 끌어들였으며, 젊은이들을 타락시켰다'는 죄명으로 사형 판결을 받은 소크라테스의 운명을 충분히 연상시킨다.

≪변론≫에서 소크라테스는 자신이 아리스토파네스가 그려 낸 이미지 탓에 아테네인들에게 오랜 비난과 혐오를

받아 왔다고 진술한다. 스트라우스는 플라톤이 이러한 소크라테스를 '순진한' 소크라테스로 봤다고 지적한다. '순진한' 소크라테스는 대중이 결코 철학적 활동을 승인하지 않을 것이라는 아리스토파네스의 '호의적 경고'를 받아들이지 않았다.

한편 플라톤은 대화편에 '성숙한' 소크라테스를 등장시킨다. '플라톤적 소크라테스(Platonic Socrates)'는 신학에 대한 철학적 도전이 얼마나 위험한지, 대중을 대상으로 하는 철학적 가르침이 어떤 오해를 받을 수 있는지 잘 이해하고 이에 적절하게 대처하는 성숙하고 신중한 소크라테스다(Strauss, 1989: 156-158).

요컨대 스트라우스는 정치와 철학에 근원적으로 내재한 갈등을 전제로 플라톤 대화편을 해석한다. 철학자는 자신의 안전 그리고 공동체의 안위를 위해 이러한 갈등에 미묘하고 섬세하게 대응해야 한다. 스트라우스의 플라토니즘은 플라톤이 그 섬세한 대응의 일환으로 독특한 글쓰기 형식을 취했다고 전제하며, 이 전제를 바탕으로 플라톤 정치철학을 해석한다.

이데아론에 대한 '이단적' 해석

스트라우스의 플라톤 해석에서 가장 큰 논란거리는 이데아론이 플라톤의 중심 주제가 아니라는 주장이다. 플라톤에 대한 전통적 해석은 이데아론을 중심에 둔다. 그러나 스트라우스에 따르면 플라톤은 이데아가 얼마나 애매한 개념인지 드러내기 위해 이데아론을 제시했고, 이러한 전략으로 '소크라테스 문제'에 정치철학적으로 대응한 것이었다.

플라톤의 이데아론이 제시된 저작은 대화편 ≪국가≫로, 정의란 무엇인지 그리고 이상 국가를 어떻게 실현할 것인지 논한다. 스트라우스는 플라톤이 이 저작에서 철저히 의도적으로 불완전한 이데아론을 제시했다고 주장한다. 스트라우스는 플라톤이 이데아론을 제시한 맥락을 다음과 같이 소개한다.

> 정의란 무엇인지 찾아내기 위한 우리의 노력 전체는 "본(pattern)"으로서 "정의 자체"에 대한 탐구였다. 정의를 어떤 본으로 본다는 것은 정의로운 인간과 정의로운 도시가 완벽하게 정의로울 수 없으며 다만 독특한 의미에서 정의 자체에 근접하는 데 그칠 뿐이라고 보는 것과 동일하다.… 정의 그 자체(justice itself)는 생겨나는 것(capable of coming into

being)이라는 의미에서 "가능하지" 않다. 왜냐하면 그것은 어떤 변화도 겪어서는 안 되고 항상 그러한 것이어야 하기 때문이다. [따라서] 정의는 여러 이데아들 가운데 하나의 "형상(form)" 혹은 하나의 "이데아"다.(Strauss, 1964: 118).

원론적으로 최선의 국가는 정의와 마찬가지로 하나의 "이데아"로서 "항시적이며 변함없이" 존재해야 한다. 이데아는 결코 변화하는 것일 수 없기 때문이다. 예컨대 정의의 이데아는 인간, 도시, 법을 정의롭게 하는 원인이 되어야 한다. 따라서 모든 이데아는 항시적이며, 자기충족적이고, 완벽하다. 이데아는 근본적으로 불변의 동일한 특징, 동일한 형상, 동일한 동력, 동일한 본성을 지닌다.

이런 관점에서 이데아는 불변하는 자연 혹은 본성(nature)과 연결된다. 이때 본성은 그것이 속한 자연에 실재하는 실물과 구분된다. 정의로운 개별 행위나 정의로운 개인은 정의라는 덕과 구별된다. 개별적으로 존재하는 사과와 모든 종류의 사과를 포괄하는 유(類) 개념으로서 사과는 구분된다.

스트라우스는 바로 이 지점에 이데아론의 난제가 숨어 있다고 지적한다. 즉 플라톤의 이데아론은 실물과 이데아를 분리하면서 왜 실물로 존재하는 것들이 그것답게 되기 위해 이데아에 '참여'해야 하고, 왜 이를 위해 이데아가 존재해야 하는지 납득시키지 못했다는 것이다. 스트라우스는 "개다움(dog-ness)"이 어느 실물 개보다도 '진정한 개'인 이유를 이해하기 어렵다고 지적한다(Strauss, 1964: 120).

물론 스트라우스는 ≪국가≫에서 이데아와 실물의 관계를 이해할 수 있는 사례도 발견한다. 우선 수학적 정의(定義)는 그 정의에 참여하는 어떤 실물보다 더 진정할 수 있다고 지적한다. 종이에 그려진 어떤 선도 수학적 정의로서 선분보다 더 선분다울 수는 없다. 또한 정의 같은 덕은 순수하고 완벽한 것이므로 정의로운 인간이나 정의로운 사회 역시 결함이 있을 수밖에 없음을 지적한다. 가장 정의로운 사람은 자신이 정의 자체에는 미달된다는 사실을 누구보다 잘 안다.

그러나 스트라우스는 이렇게 이데아와 실물의 관계를 이해해 보더라도 이데아의 대상을 보편적으로 확대하면 또다시 어려움에 봉착하게 된다고 지적한다. 만일 선분의 이데아와 정의의 이데아가 존재하는 것처럼 침대의 이데아도 존재한다면, 누구도 사용한 적 없고 사용할 수도 없는 이데아로서 '침대'가 실물 침대보다 더 완벽하다고 말할 수 있을지 의문스럽다는 것이다. 플라톤은 왜 이렇게 의문투성이인 이데아론을 제시했을까? 스트라우스의 해석이 옳다면, 그 목적은 철학이 정치적 야심의 수단으로 변질되는 것을 막는 데 있었다.

≪국가≫에 등장하는 소크라테스의 제자 글라우콘은 철학적 성향을 띠지만 동시에 철학을 정치적 목적과 결합하려는 '선의의' 정치적 야심 역시 가진 인물이다. 글라우콘에게 이데아론은 여러 의문을 불러일으켰지만, 적어도 정치적 야심을 포기하게 할 만큼 철학적 매력을 발산하는 데에는 성공했다. 글라우콘처럼 철학적 성향을 지닌 이에게 의문투성이인 이데아론은 오히려 철학적 탐구를 이어갈 동기를 제공한다.

스트라우스의 플라톤 해석은 정치를 형이상학적 원리로 해석하기를 거부한다. 스트라우스는 ≪국가≫에 나타난 이데아론이 정치철학적 의도를 전달하기 위한 수단이었다고 해석한다. 이러한 해석은 스트라우스가 플라톤 정치철학을 정치와 철학의 갈등에 정초한 데 기인한다.

그럼에도 스트라우스는 이데아론의 독립적 의의를 완전히 부정하지는 않았다. 이데아에 대한 지속적 탐구의 촉구는 글라우콘으로 하여금 철학적 삶의 우위를 받아들이게 했다. 스트라우스의 플라토니즘은 이데아의 존재를 부정하지는 않지만, 인간의 이성이 불완전해 그것에 대한 완벽한 이해에 도달할 수 없다고 본다. 이는 애매한 입장이지만,

인간의 지혜에 대한 솔직한 입장이기도 하다.

스트라우스는 철학자가 이데아의 탐구자라는 플라톤의 규정을 부정하지 않는다. 특히 철학자는 '좋음'의 이데아를 탐구하는 사람이라고 본다. 다만 중요한 것은 이러한 탐구가 절대적 지혜의 획득으로 쉽게 연결되지 않는다는 점을 받아들이는 것이다. 이데아에 대한 탐구는 아직 성취하지 못한 지혜에 대한 거부할 수 없는 사랑에 의해 지속되며, 끊임없이 지혜를 추구하는 삶의 방식으로 귀결된다. 이것이 스트라우스 플라토니즘의 핵심이다(Lampert, 2013: 147-148).

철인왕의 패러독스

이데아론과 더불어 스트라우스의 플라톤 해석의 특이점은 플라톤의 철인왕 기획에 대한 해석에서 발견된다. 스트라우스는 플라톤의 철인왕 기획이 실제로 철학자가 통치하는 국가를 만들려 했던 것이 아니라, 오히려 그러한 이상국가는 가능하지도 않고 바람직하지도 않다는 점을 보여주려 했다고 주장한다.

스트라우스의 해석을 차치하더라도 철인왕 기획은 애

초에 난제를 안고 있다. 원칙적으로 지혜만을 사랑하고 철학 외 어떤 것에도 가치를 두지 않는 철학자는 통치를 담당하는 정치적 삶을 거부할 것이다. 이들에게 통치의 임무를 떠맡기는 것은 그들이 살 수 있는 더 좋은 삶, 즉 철학적 삶을 가로막으므로 부당하다. 이에 소크라테스는 최선의 국가란 철학자만을 위한 것이 아니라 공동체 전체를 위해 존재하므로 철학자들에게 통치하도록 강제해야 하고, 이 강제는 적어도 공동체적 관점에서는 정당하다고 답한다.

그러나 이러한 구상은 여전히 패러독스다. 무엇보다 누가 철학자로 하여금 통치자가 되도록 강제할 수 있을지 불분명하다. 유명한 "동굴의 비유"에 빗대어 말하자면, 동굴을 탈출한 철학자들은 태양과 그 아래 존재하는 만물의 경이로움에 도취되어 다시 동굴로 내려가기를 거부할 것이다. 문제는 동굴 밖에는 철학자들에게 다시 동굴로 내려가라고 강제할 사람이 없다는 점이다(Strauss, 1964: 124-125).

몇몇 학자들은 동굴 밖의 철학자들이 도덕적 의무감으로 인해 마지못해 통치를 맡게 된다는 "자기강제" 개념으로 철인통치의 가능성을 시사한다. 즉 동굴을 탈출한 철학자가 자발적으로 동굴에 다시 들어가는 것은 아니지만, 철학자로서 위반할 수 없는 도덕적 기준에 따라 마지못해 통치자 역할을 떠맡는다는 것이다.

이를테면 철학자들은 공동체가 제공한 교육 덕분에 철학의 기쁨을 알게 됐으므로 공동체에 보은하기 위해서라도 통치의 의무를 저버리지 않는다는 것이다. 또한 철학자는 다른 철학자에게 통치의 부담을 떠넘기는 무임승차자가 되지 않기 위해서라도 통치에 참여할 수밖에 없다. 철학자가 지혜에 기초한 통치의 필요성을 인정하면서도 자신만 그 역할에서 빠지겠다는 것은 철학자의 도덕적 양심으로 허용할 수 없기 때문이다. 아울러 순번을 정해 일정 기간만 통치를 맡게 된다는 사실과, 만약 철학자들이 정치를 담당하지 않으면 공동체는 그보다 훨씬 못한 사람들에게 지배받게 된다는 사실도 철학자가 '자기강제'를 실행할 이유가 된다(박성우, 2004: 169-172; 박성우, 2014: 230-234).

스트라우스의 철인왕 기획 해석은 '자기강제' 개념을 통한 해석과 극명하게 대조된다. 스트라우스에 따르면 플라톤의 이상 국가는 실현 가능성이 없을뿐더러 바람직하지도 않다. 스트라우스는 이것이 바로 플라톤이 ≪국가≫를 저술한 의도라고 주장한다. 스트라우스는 어떻게 철인왕 기획을 일관성 있게 이해할 수 있을지 골몰하는 지배적 해석과 달리, 철인왕 기획 자체가 문제적임을 알아차려야 플라톤의 의도에 접근할 수 있다고 해석한다.

스트라우스의 철인왕 기획 해석은 철학에 대한 혐오가

사회에 만연해 있다는 인식에서 출발한다. 대중은 철학을 종종 무용지물 혹은 해로운 것으로 인식한다. 스트라우스는 대중을 설득할 유일한 가능성이 설득의 기술을 지닌 소피스트와의 협력에 있다고 주장한다. 철학자와 협력하는 소피스트는 대중을 설득해 철인왕 기획을 실현할 수 있다. 대중을 설득하는 것은 철학자들에게 통치하라고 강제하는 것과 다름없다(Strauss, 1964: 124).

스트라우스는 이러한 논리가 사실상 무의미하다고 지적한다. 통치의 임무를 거부하는 철학자들이 먼저 비철학자들을 설득할 이유가 없고, 비철학자들도 철학에 대한 혐오가 만연한 상태에서 자발적으로 철학자를 강제할 이유가 없기 때문이다. ≪국가≫에서 암시되는 유일한 가능성은 10세 이상의 거주민을 추방하고 완전히 새로운 세상에서 이상 국가의 토대를 세우는 것이다. 그러나 이는 인간 본성에 부합하는 조치가 아니라 "자연에 반하는" 조치다. 스트라우스는 플라톤이 의도적으로 "자연에 반하는" 요소를 이상 국가의 실현 과정에 포함시킴으로써 이상 국가의 실현 가능성을 더욱 부정적으로 제시했다고 본다.

스트라우스는 플라톤이 철인왕 기획을 둘러싼 여러 역설적 요소를 ≪국가≫에 포함시켜 사실상 이상 국가의 실현 가능성을 철저히 부정했다고 해석한다. 스트라우스에 따르면 이는 글라우콘과 같은 잠재적 철학자들로 하여금 정치적 유혹을 뿌리치고 철학적 삶을 변함없이 지속하도록 하기 위한 조치였다(Strauss, 1964: 137).

참고문헌

박성우(2004). “플라톤의 <국가>와 철인왕의 패러독스”. ≪정치사상연구≫, 10(2).

박성우(2014). ≪영혼 돌봄의 정치: 플라톤 정치철학의 기원과 전개≫. 인간사랑.

박성우(2021). “레오 스트라우스의 플라톤주의: 스트라우스 정치철학의 두 테마와 관련하여”. 박성우 외 엮음. ≪동굴 속의 철학자들≫, 35-75쪽. 서울대학교출판문화원.

Lampert, L.(2013). *The Enduring Importance of Leo Strauss.* Chicago: University of Chicago Press.

Strauss, L.(1953). Ch. 3. *Natural Right and History.* Chicago: University of Chicago Press.

Strauss, L.(1959). Ch. I. *What Is Political Philosophy and Other Studies.* Glencoe, IL: The Free Press.

Strauss, L.(1964). Ch. 2. *The City and Man.* Chicago: University of Chicago Press.

Strauss, L.(1989). The Problem of Socrates: Five Lectures. In Pangle, T. L.(ed.). *The Rebirth of Classical Political Rationalism.* Chicago: University of Chicago Press.

08
정치적 핍박과 저술의 기술

스트라우스는 서양 정치사상사에 남아 있는 위대한 고전의 저자들이 한결같이 동일한 저술의 기술을 발휘했다고 주장한다. 위대한 고전은 시대와 장소를 초월하는 보편적 진리를 담고 있다. 스트라우스는 그 진리가 필연적으로 정치 공동체의 박해를 불러일으키고 이를 모면하기 위해 고전의 저자들은 저술의 기술을 발휘한다고 보았다. 스트라우스는 왜 정치 공동체가 필연적으로 진리를 핍박한다고 가정했을까? 이러한 견해는 정치사상사에서 얼마나 타당하다고 여겨질까?

철학에 대한 정치적 박해

기본적으로 정치는 공동체의 내부 결속과 공동체 외부를 상대로 하는 배타적 이익 추구를 원칙으로 삼는다. 반면 철학은 보편적 진리를 추구하며, 특정 공동체의 이익과 가치에 대한 맹목적 추종을 거부한다. 철학은 정치 공동체의 이익 추구가 어떤 명분으로 합리화되더라도 그것이 보편적 가치에 반하는 한 결코 용인하지 않는다.

철학의 보편적 가치 추구는 왕왕 정치의 원리와 상충하는 결과를 낳는다. 예컨대 철학은 만일 개인 간 정의가 추구되어야 한다면 국가 간 정의도 추구되어야 한다고 주장한다. 그러나 정치는 국내적 정의를 존중할지언정, 국제적 정의는 무시하는 경향이 강하다. 국제적 정의는 기껏해야 국익이 허용하는 범위 안에서만 추구된다. 철학이 정치의 원리를 무시한다는 것을 알아차린 정치 공동체가 철학에 대해 호의를 가질 리 없다. 정치 공동체는 늘 철학을 경계하고, 기회가 주어지면 철학을 공동체에서 몰아내고 핍박할 준비를 해야 한다.

이처럼 정치와 철학의 갈등이 근원적이라면, 철학을 삶의 방식으로 선택한 모든 이는 이러한 갈등에 적절히 대응할 필요가 있다. 스트라우스는 소크라테스의 죽음이라는 역사적 사건을 정치와 철학 간 근원적 갈등의 표출로 이해한다. 이 갈등의 본질을 간과한 '순진한 소크라테스'는 결국 사형 판결을 받았고, 이 갈등에 심각하게 대응한 플라톤은 새로운 방식의 글쓰기로 대화편 속 '성숙한 소크라테스'를 탄생시켰다. 이러한 이해는 정치와 철학의 갈등이 일반적이고 보편적인 현상이라는 것을 시사한다.

스트라우스는 소크라테스의 죽음 이후 전개된 모든 정치철학을 정치와 철학의 근원적 갈등에 대한 일정한 대응으로 이해한다. 스트라우스는 그 첫 주자가 플라톤이었고, 서양 정치철학 전통 전체가 이러한 플라톤에 대한 해석으로 이뤄졌다고 규정한다. 플라톤 정치철학을 소크라테스의 죽음이라는 맥락에서 해석해야 하듯, 서양 정치철학의 모든 고전을 정치와 철학의 갈등이라는 맥락에서 해석해야 한다. 즉 정치와 철학의 갈등이 불가피하다면, 고전정치철학의 작가들은 공동체로부터 오는 정치적 핍박을 염두에 두고 저술 활동을 했다고 봐야 한다. 고전의 저자들이 정치적 핍박을 염두에 두고 저술했다면, 고전을 해석하는 이들도 이를 전제로 해석하는 것이 타당하다.

고전정치철학의 작가들이 가장 두려워하는 정치적 핍박은 무엇인가? 정치적 핍박은 철학자에게 신체적 위해나 재산상의 피해를 입히는 것으로 나타날 수 있다. 그러나 고전정치철학자는 무엇보다 철학적 삶을 지속하지 못하게 되거나, 철학적 활동을 통해 얻은 저작이 불태워지고 금서로 낙인찍혀 세상의 빛을 보지 못하는 것을 가장 우려했을 것이다. 정치와 철학의 갈등이 불가피하다고 보는 정치철학자는 철학적 지혜가 후대의 잠재적 철학자에게 전달되지 못하는 상황을 가장 염려하기 때문이다.

비전적 글쓰기

스트라우스에 따르면 플라톤은 아리스토파네스의 호의적 경고를 받아들여 순진한 철학적 폭로가 철학자의 안전을 위태롭게 할 뿐 아니라 공동체 전체의 근간을 해칠 수 있음을 깨닫고, '비전적(esoteric, 祕傳的)' 저술의 필요성을 의식한 철학자다. 플라톤뿐 아니라 소크라테스 이래 모든 언급할 만한 정치철학자, 즉 경전(canon) 혹은 고전(classic)으로 분류되는 저술을 남긴 정치철학자들은 정치적 핍박에 대해 안전을 확보함과 동시에 철학적 지혜를 후대에 전달하기 위해 은밀한 글쓰기, 즉 비전적 글쓰기를 시도했다고 봐야 한다(Strauss, 1952: 25).

기본적으로 플라톤 정치철학을 계승한 철학자들은 소

크라테스의 죽음을 위시한 정치와 철학의 오랜 갈등을 파악했을 것이다. 이러한 전통에 입각해 저술된 텍스트들은 정치적 핍박을 전제로 매우 "조심스럽게" 쓰였다고 가정해야 할 것이다.

조심스럽게 쓰인 텍스트는 매우 엄밀하고 신중하게 읽어야 비로소 저자의 의도를 파악할 수 있다. 따라서 스트라우스는 비전적 글쓰기로 저술된 고전에 대해서 '행간 읽기(reading between the lines)'가 이뤄져야 한다고 주장한다(Melzer, 2014: 298, 301). 플라톤 정치철학이 정치와 철학의 근원적 갈등이라는 큰 틀 안에 놓여 있다면, 플라톤의 대화편은 후대의 잠재적 철학자들에게 철학의 우월성을 비밀스럽게 전수하는 비전적 글쓰기의 결과물로 봐야 한다. 이런 맥락에서 스트라우스는 플라톤의 저작들이 대표적으로 '행간 읽기'의 대상이 되어야 한다고 주장한다.

스트라우스는 중세 암흑기에 플라톤 해석의 전통을 이어온 이슬람 철학자들이 플라톤의 비전적 글쓰기를 제대로 이해했다고 지적한다. 이들은 플라톤과 마찬가지로 저술의 기술이 필요함을 절실히 느꼈던 철학자들이다. 정치와 종교가 결합한 신정 국가이자 법의 근원을 종교적 교리에서 찾는 이슬람 정치 공동체에서 공동체의 정치적 원리에 대해 철학적 기준을 제시하는 일은 위험천만했기 때문이다.

스트라우스는 이러한 상황에 놓인 이슬람 철학자들이 비전적 글쓰기 기술을 채택할 필요를 느꼈고, 그 모델을 플라톤에게서 발견했다고 주장한다(Strauss, 1952: 22-27). 이슬람 철학자들이 생존을 위해 플라톤의 비전주의(esotericism)를 참조했다고 보는 관점은 그들의 플라톤 해석이 플라톤 정치철학의 본질을 제대로 꿰뚫었다는 주장과 상통한다.

이러한 맥락에서 스트라우스는 중세 이슬람 철학자이자 신플라톤주의자였던 알파라비(al-Farabi)의 플라톤 해석을 살피면 서구 유럽의 플라톤 해석이 간파하지 못한 플라톤의 의도에 도달할 수 있다고 주장한다. 스트라우스 연구자 대니얼 탠궤이(Daniel Tanguay)는 스트라우스의 플라톤 해석이 비전주의와 연결되는 과정에서 알파라비가 수행한 역할에 주목하며, 스트라우스에게 소위 '파라비언 전회(Farabian Turn)'가 일어났다고 지적한다(Tanguay, 2007: 80-84; 박성우, 2020: 164). '파라비언 전회'는 스트라우스가 알파라비의 플라톤 해석을 통해서 플라톤 정치철학의 정수를 이해할 수 있었고, 그 중심에 비전주의가 있다는 것을 의미한다. 스트라우스의 플라톤 해석은 20세기 중반 이후 줄곧 학계의 논란을 빚어 왔는데, 그 가운데 가장 큰 쟁점은 플라톤을 비전주의적 관점에서 해석할 것인가다.

스트라우스에 따르면 플라톤은 아리스토파네스의 호의

적 경고를 받아들여 순진한 철학적 폭로가 철학자의 안전을 위태롭게 할 뿐 아니라 공동체 전체의 근간을 해칠 수 있음을 깨달은 "성숙한" 소크라테스를 묘사했다. "성숙한" 소크라테스는 철학자가 정치적 핍박으로부터 자신을 보호할 수 있는 안전한 발언자가 되는 것을 의미한다(Strauss, 1964: 53-54). 안전한 발언자는 모든 진리를 있는 그대로 폭로하는 대신, 때와 장소를 가려 침묵해야 할 때 침묵한다. 침묵은 비전적 글쓰기의 수단 중 하나다. 따라서 비전적 글쓰기로 쓰인 글을 대할 때는 무엇이 의도된 침묵인지 가려내야 한다. 의도된 침묵을 찾아 그 의미를 밝히는 것은 행간을 읽는 방법 중 하나다(박성우, 2020: 156-157).

어떤 것이 단순한 침묵이고 어떤 것이 의도된 침묵인가? 스트라우스는 맥락 혹은 논의의 흐름상 자연스레 어떤 발언이나 진술이 기대되는데도 침묵하는 상황이라면, 비전적 글쓰기가 적용된 것으로 봐야 한다고 지적한다(Strauss, 1959: 222-223).

스트라우스는 관점을 더욱 확장해 침묵 외에도 신중한 독자에게만 보이는 실수, 일관성의 파괴 등을 비전적 글쓰기의 수단으로 든다. 어찌됐건 이러한 비전주의적 수단이 효과를 발휘하려면 저자의 의도를 정확히 꿰뚫어 보는 신중한 독자가 존재해야 한다는 점을 잊지 말아야 한다.

통속적 글쓰기

스트라우스는 철학자들이 후대에 철학적 지혜를 전수하려는 목적 못지않게 정치 공동체를 건전하게 유지하기 위해 조심스러운 글쓰기를 시도했다고 지적한다. 철학자들도 공동체의 다른 구성원들과 마찬가지로 정치 공동체의 필요성을 인정한다. 그래서 자신의 철학적 저술이 혹여 정치 공동체에 부정적 영향을 미치지는 않을까, 나아가 그 토대를 파괴하지는 않을까 우려한다.

이런 맥락에서 스트라우스는 철학자들이 비전주의적 목적과는 별도로 공동체를 건전하게 유지하기 위한 통속적(exoteric) 글쓰기를 시도했다고 본다(Strauss, 1952: 35; Strauss, 1989: 66-69; 박성우, 2020: 157, 164).

통속적 글쓰기는 대중에게 전달되는 것을 목적으로 삼는 글쓰기다. 스트라우스는 특히 고전정치철학의 텍스트에서 비전적 글쓰기와 통속적 글쓰기가 동시에 사용된다고 주장한다. 한 텍스트 안에 후대의 잠재적 철학자들을 대상으로 '비의적으로' 쓰인 부분과 대중을 대상으로 '통속적으로' 쓰인 부분이 공존한다는 것이다. 따라서 고전정치철학 해석에서 비전주의와 통속주의는 동전의 양면과 같다(Strauss, 1952: 28, 36).

어떤 텍스트에 비전적 주장과 통속적 주장이 모두 포함되어 있음을 이해한다면 적어도 통속적 수준에 머무는 대중적 독자는 아닐 것이다. 이런 맥락에서 스트라우스의 고전 읽기는 종종 엘리트주의를 전제한다는 비판을 받는다.

그럼에도 정치와 철학 사이 근원적 갈등 상황에서, 철학의 우월성을 비밀스럽게 전수하는 데 활용된 비전주의 그리고 공동체를 건전하게 유지하는 데 활용된 통속주의가 고전정치철학의 텍스트에 함께 녹아 있다는 주장은 정치사상 연구에 큰 공명을 일으켰다(Melzer, 2014: 1-8).

참고문헌

박성우(2015). "플라톤 정치철학 연구에 있어서 비(非)역사주의적 접근과 새로운 플라톤 읽기를 위한 예비 고찰". ≪한국정치연구≫, 24(1).

박성우(2020). "레오 스트라우스의 플라톤주의". ≪정치사상연구≫, 26(1).

Melzer, A.(2014). *Philosophy between the Lines: The Lost History of Esoteric Writing*. Chicago: University of Chicago Press.

Strauss, L.(1952). Chs. 1, 2. *Persecution and the Art of Writing*. Chicago: University of Chicago Press.

Strauss, L.(1959). Ch. IX. *What Is Political Philosophy and Other Studies*. Glencoe, IL: The Free Press.

Strauss, L.(1964). Ch. 2. *The City and Man*. Chicago: University of Chicago Press.

Strauss, L.(1989). Ch. 5. In Pangle, T. L.(ed.). *The Rebirth of Classical Political Rationalism*. Chicago: University of Chicago Press.

Strauss, L.(1995). Introduction. In Adler, E.(trans.). *Philosophy and Law: Contribution to the Understanding of Maimonides and His Predecessors*. Albany: State University of New York Press.

Tanguay, D.(2007). *Leo Strauss: An Intellectual Biography*. Nadon, C.(trans.). New Haven, CT: Yale University Press.

09
아테네와 예루살렘

스트라우스는 이성에 기반한 철학과 계시에 기반한 신학의 대립을 상징적으로 나타내기 위해 '아테네'와 '예루살렘'을 대조한다. 스트라우스에게 이성과 계시의 관계는 근원적으로 화해할 수 없는 관계다. 이성과 계시는 각각 상대의 존재 자체가 자신의 존재를 위협하므로 끊임없이 상대를 부정할 수밖에 없기 때문이다. 그럼에도 스트라우스는 이성과 계시의 갈등이 서구 문명에 활력을 불어넣었다고 지적한다. 어째서 그러한가? 이성과 계시의 갈등, 철학과 신학의 대립은 스트라우스 정치철학을 이해하는 데 핵심적인 원리 가운데 하나다.

유대인 정치철학자의 정체성

스트라우스는 자유주의의 위기를 지적하면서 그 근원적 원인으로 근대정치철학을 지목했고, 고전정치철학의 복원을 처방했다. 이러한 일련의 학문적 활동은 주로 미국 망명 이후 전개되었다. 그러나 스트라우스는 미국 대학에서 정치학 교수로 활동하기 전인 1920년대 말, 1930년대 초에도 이미 정치철학자로서 학문적 이력을 쌓았다. 미국 망명 이전 스트라우스의 초기 사상을 지배한 쟁점을 한마디로 정의하자면 '유대인으로서의 정체성과 정치철학자로서의 정체성 간 타협 가능성'이었다.

1920년대 스트라우스는 독일의 '유대인 문제'에 여러 대안이 난무하는 시대적 흐름에 속해 있었다. 당시에는 신의 계시만을 절대적으로 따르는 정통유대주의, 생존을 위해 유대인 정체성을 최소화하고 자유주의 국가의 시민으로서 살 것을 주장하는 자유주의적 동화(同化)주의, 유대인 디아스포라를 청산하고 독립된 유대인 국가를 만들자는 정치적 시오니즘(Zionism), 각자 자유주의 국가의 시민으로 살아가되 유대인의 문화적·종교적 정체성만은 유지하자는 문화적 유대주의 등이 비등했다.

스트라우스에게 '유대인 문제'는 천지 창조, 기적의 실재, 계시의 권위와 같은 유대교의 교설을 어떻게 비(非)유대인들이 다수인 자유주의 국가 안에서 유지하고, 또한 대외적으로 정당화할 것인가의 문제로 수렴한다. '유대인 문제'의 기저에는 자유주의 국가가 관용하는 범위 안에서만 믿음을 추구할 때, 유대인 정체성이 약화할 수 있다는 우려가 깔려 있다.

20대의 스트라우스에게 자유주의적 동화는 유대인 문제를 해결할 올바른 방향이 아니었다. 자유주의 국가란 근대적 이성이라는 토대 위에 세워진 국가인데, 이 근대적 이성은 유대교의 계시를 본질적으로 부정하기 때문이다. 이성이 비이성적 믿음에 기초한 계시를 부정하는 것은 당연하다. 이러한 자유주의 국가에서 유대교의 전통을 온전히 유지하는 것은 사실상 불가능하다. 따라서 자유주의가 관용하는 범위 안에서 유대교적 신념을 유지할 수 있다는 자유주의적 동화주의는 자기기만과 다름없다. 한때 스트라우스는 유대교 전통을 온전히 유지할 수 있는 국가를 만들자는 정치적 시오니즘에 가담했다. 그러나 스트라우스는 유대교의 전통을 유지하기 위해 비유대인과 공존하는 세속 국가를 세우는 것이 결국 또 다른 종류의 자유주의 국가 건설과 다르지 않음을 깨닫고 시오니즘과 결별한다.

중세 계몽주의 그리고 이성과 계시의 갈등

스트라우스는 근대적 계몽주의에 기반해 유대인 문제를 해결하려 한 바뤼흐 스피노자(Baruch Spinoza)의 시도가 결코 이상적 모델이 될 수 없다고 본다. 그 대신 마이모니데스로 대표되는 중세 계몽주의로 눈을 돌린다. 스트라우스는 중세 계몽주의에서 철학이 행하는 대중적 가르침(exoteric teaching)의 전형을 발견한다. 중세 계몽주의는 정치적 박해로부터 철학을 보호하는 동시에 철학이 지닌 파괴적 속성으로부터 공동체를 보호하는 데 성공했다고 주장한다.

여기서 주목해야 할 것은 중세 계몽주의가 이성과 계시의 갈등을 근원적으로 해소한 것은 아니며, 중세 철학자들도 이 점을 잘 알고 있었다는 사실이다. 중세 계몽주의가 대중적 가르침의 필요성을 역설한 것은 근대 계몽주의의 착각과 달리 이성과 계시의 갈등이 근본적으로 해소될 수 없음을 인정했기 때문이다.

스트라우스는 1935년 ≪철학과 법≫에서 중세 이슬람 철학자들이 "어떻게 계시에 의한 법을 이성적으로 정당화할 수 있을지" 밝히는 것, 즉 "계시에 의해 만들어진 법의 철학적 토대를 구축하는 것"을 목표로 삼았다고 밝힌다. 계시가 정당화되어야 한다는 것은 이미 계시에 대한 의심이 존재함을 시사한다. 스트라우스는 여기서 마이모니데스를 위시한 유대교·이슬람 철학자들이 플라톤과 어느 정도 거리를 둔 채 계시의 정당화 문제를 해결했다고 지적한다(Strauss, 1995: 76-77).

스트라우스는 11세기 마이모니데스가 계시에 대한 합리적(이성적) 정당화에 성공할 수 있었던 것은 당시의 이성이 근대적 이성과는 달랐기 때문이라고 지적한다. 근대적 이성과 근대적 계몽주의에 따르면 계시는 결코 합리적일 수 없다. 스트라우스가 "온건한 계몽주의자들"이라고 일컬은 일단의 사상가들, 즉 모제스 멘델스존(Moses Mendelssohn), 헤르만 코엔, 프란츠 로젠츠바이크(Franz Rosenzweig)조차 계시를 기껏해야 인간의 의식 속에서만 인정할 수 있는 것으로 한정한다. 스트라우스는 계시를 인간의 의식에 묶어 둔 채 내면적으로만 정당화하는 것은 사실상 계시의 실체를 부정하는 것과 다름없다고 지적한다. 스트라우스의 중세적 전환은 이러한 근대 계몽주의의 한계를 극복하기 위한 시도다.

중세 계몽주의의 가장 큰 특징은 계시가 인간의 의식 내에 존재하는 것이 아니라 법의 형태로 존재한다고 본다는 점이다. 법은 이미 객관적으로 주어진 실체다. 그뿐 아니라 계시에 의한 법은 무조건적 권위를 상징한다. 따라서 계시에 의한 법은 정당화를 요하지 않는다.

스트라우스는 예언자의 출현을 설명하는 방식으로 이러한 당위론적 설명을 풀어낸다. 스트라우스에 따르면 예언자의 출현은 다음과 같은 기원을 갖는다. ① 인간은 모두 법을 필요로 한다. ② 법에는 두 종류가 있는데, 하나는 육체의 완성을 지향하는 인간법이고 다른 하나는 지성(intellect)의 완성을 지향하는 신법이다. ③ 예언자는 신법의 선언자다. ④ 또한 예언자는 이상 국가의 법을 알아낼 수 있다는 점에서 철학자와 동일하다. 철학자와 마찬가지로 예언자도 지성의 완성을 지향한다. ⑤ 그러나 예언자는 단지 철학자의 성격을 띠는 데 그치지 않는다. 철학자는 법을 실효화할 능력이 없는 반면, 예언자는 법의 실효성을 담보할 계시의 능력이 있다(Strauss, 1995: 120-122; Strauss, 2006: 148-167).

예언자는 종종 플라톤의 철인왕과 대비된다. 스트라우스는 플라톤이 이상 국가의 법을 실효화할 수단을 마련하지 못했다고 해석한다. 그러나 스트라우스는 플라톤 철학이 적어도 중세의 유대교·이슬람 철학자에게 문제의 본질을 안내하는 역할을 했다고 본다. 스트라우스에 따르면 모세나 마호메트와 같은 유대교·이슬람 예언자는 플라톤의 철인왕과 마찬가지로 이상 국가를 구상했지만, 철인왕과 달리 이상 국가의 법이 지닌 효력을 강제할 능력을 갖춘 인물들이었다. 이상 국가를 실현하지 못하는 철인왕은 사실상 아직 왕이 되지 못한 철학자와 동일하다. 반면 예언자는 이미 이상 국가를 실현한 사람이다(Strauss, 1995: 65, 126).

'신학정치적 문제'의 영속성

스트라우스는 플라톤 역시 법을 신성화(神聖化)할 필요성, 달리 말하자면 계시의 필요성을 의식했다고 본다. 계시야말로 법의 실효성을 발휘할 수 있는 확실한 경로이기 때문이다. 그러나 스트라우스는 플라톤이 가장 이상적인 법을 이성적으로 찾아낼 수는 있었어도 그것을 강제할 수단은 가질 수 없었다고 지적한다. 플라톤이 이성에 기반한 철학을 따르는 이상 이러한 한계는 불가피하다. 즉 플라톤은 소위 '신학정치적 문제(theologico-political problem)'의 본질에 접근했지만, 철학의 토대인 이성이 결코 계시를 정당화해 줄 수 없으므로 그 문제의 해법을 찾을 수 없었다.

스트라우스에게 신학정치적 문제는 누구든 예언자가 아니라 정치철학자로 남아 있는 한 영구히 해결할 수 없는 과제다. 스트라우스는 1960년대에 자서전의 성격을 띠는 글에서 자신의 학문적 이력 전체를 규정하는 한 가지 문제가 있다면 그것은 바로 이 '신학정치적 문제'라고 단언한 바 있다(Strauss, 1965: 1; Janssens, 2008: 7-8).

스트라우스는 신학정치적 문제와 관련해 플라톤이 근대의 계몽주의자, 근대적 합리주의자와 구분된다고 지적한다. 플라톤은 그들과 마찬가지로 철학의 토대가 이성이라고 주장하고 계시가 아니라 이성을 지지한 철학자였지만, 철학이 계시의 도전에 직면했을 때 무기력해질 수밖에 없음을 인식하고 있었다.

신학정치적 문제는 정치 공동체의 가장 근본적인 문제, 즉 공동체 내 생존과 번영 문제를 해결하는 데 철학과 종교라는 두 대안이 존재한다는 사실에서 비롯한다. 스트라우스는 두 대안이 어느 한쪽의 우세함 없이 대등하게 양립한다고 주장한다. 예컨대 유대교와 같은 계시종교는 공동체가 나아갈 길을 명확히 제시한다. 물론 이성에 기반한 철학은 계시종교가 제시하는 해법을 이성적으로 납득할 수 없다는 이유로 받아들이지 않는다. 철학은 철학적 지혜와 지식이 공동체 운영의 토대가 되어야 한다고 주장한다. 그러나 철학적 지혜는 인간적 지혜라는 점에서 제한적이다. 신적 계시를 믿는 입장에서는 신의 완벽한 안내를 거부하고 제한적인 인간의 지식을 고집하는 것이 어리석은 판단이라고 비판한다.

스트라우스는 이처럼 철학과 신학, 이성과 계시가 화해할 수 없다고 지적한다. 이성이 계시를 받아들이지 못하는 것은 계시에 타격을 입히지 못한다. 애초에 계시는 이성이 아니라 믿음에 의존하기 때문이다. 반면 계시는 이성적 설명을 요구하는 상대를 만족시키지 못한다.

스트라우스에 따르면 서구 문명사는 이성에 대한 믿음을 전제로 인간적 진보를 추구할 것인지 아니면 계시에 대한 믿음에 기반해 인간이 타락하기 전 상태로의 회귀를 염원할 것인지를 놓고 갈등을 거듭해 온 역사다. 스트라우스의 관점에서 이성과 계시의 갈등, 즉 아테네와 예루살렘의 대립은 현재 진행형이다(Strauss, 1989: 245-249).

스트라우스에 따르면 정치와 철학, 철학과 신학의 갈등은 인간이 정치 공동체에서 삶을 영위하는 한, 인간이 이성적 혹은 신학적으로 세계를 이해하고 그러한 세계관에 토대해 법의 토대를 구성하려 하는 한 불가피하다. 특히 스트라우스는 이성과 계시 중 어느 쪽도 상대를 완전히 부정하거나 완벽한 승리를 거둘 수 없음을 강조한다. 그럼에도 이성과 계시, 철학과 신학은 상대의 존재 자체가 자신의 존재를 위협하므로 상대를 끊임없이 부정할 수밖에 없다(Strauss, 1989: 269-270).

참고문헌

Janssens, D.(2008). *Between Athens and Jerusalem: Philosophy, Prophecy, and Politics in Leo Strauss's Early Thought*. Albany: State University of New York Press.

Strauss, L.(1965). Preface to the English Translation. *Spinoza's Critique of Religion*. Chicago: University of Chicago Press.

Strauss, L.(1989). Ch. 10. In Pangle, T. L.(ed.). *The Rebirth of Classical Political Rationalism*. Chicago: University of Chicago Press.

Strauss, L.(1995). Introduction, Chs. 1, 3. In Adler, E.(trans.). *Philosophy and Law: Contribution to the Understanding of Maimonides and His Predecessors*. Albany: State University of New York Press.

Strauss, L.(2006). Reason and Revelation. In Meier, H.(ed.). *Leo Strauss and the Theologico-Political Problem*. Cambridge: Cambridge University Press.

10
국제정치

평생 고전정치철학 연구에 주력한 스트라우스에게 외교정책에 대한 견해나 국제정치에 대한 식견이 존재했다는 주장은 다소 이례적이다. 그러나 2003년 봄 이라크전쟁이 발발하자 미국의 주요 언론은 이른바 '스트라우스 스캔들'을 터트렸다. 이라크전쟁을 포함해 미국 외교·안보 정책의 강경 노선을 주도한 네오콘의 배후에 스트라우스가 있었다는 것이다. 이제 '스트라우스 스캔들'은 세간의 관심에서 벗어나 있다. 그러나 스트라우스 정치철학에 호응하는 국제정치관이 무엇이고, 이로부터 적용 가능한 외교정책 노선은 무엇인지 확인하는 것은 정치철학과 국제정치의 관계를 재조명한다는 점에서 오늘날에도 여전히 의의가 있다.

스트라우스 스캔들

이라크전쟁이 개시되기 30년 전쯤 세상을 떠났고, 생전에 현실 정치에 관여한 적 없는 스트라우스에게 이라크전쟁의 책임을 돌리는 것은 매우 뜻밖의 일이었다. 그럼에도 미국의 몇몇 주요 언론은 스트라우스를 이라크전쟁에 근본적 원인을 제공한 자로 지목하며 '스트라우스 스캔들'을 터뜨렸다. 뒤이어 연극, 영화에 이르는 다양한 대중 매체가 스트라우스의 정치철학을 조지 부시(George W. Bush) 행정부가 취한 공격적 외교·안보 정책의 사상적 토대로 간주했다(박성우, 2012).

워싱턴 정가의 스트라우시언은 흔히 네오콘 그룹의 일부 혹은 주도자로 알려져 있다. 외교 정책에 큰 영향을 미친 스트라우시언으로는 윌리엄 크리스톨(William Kristol)과 로버트 케이건(Robert Kagan)이 있다. 이들의 외교 정책은 흔히 "시혜적 헤게모니(benevolent hegemony)"의 추구로 요약된다. 같은 맥락에서 미국의 제국주의는 소위 "시혜적 제국주의"로 정당화된다. 미국의 제국주의가 비민주적인 지역의 체제를 민주적으로 변환하는 시혜를 베푼다는 것이다.

버락 오바마(Barack Obama) 행정부가 들어서면서 스트라우스와 스트라우시언들에 대한 관심은 시들해졌고, 2011년 말 이라크전쟁이 종식하면서 '스트라우스 스캔들'은 외교가에서 거의 잊힌 듯하다. 그러나 스트라우스라는 정치철학자와 미국 외교 정책의 연관성은 여전히 풀리지 않은 퍼즐로 남아 있다(Zuckert & Zuckert, 2006: 3-8; 박성우, 2012).

스트라우스가 이라크전쟁의 근본 원인이라는 주장은 다음과 같은 가정에 기초한다. 첫째, 스트라우스는 제자들에게 막대한 영향을 미쳤고, 이들은 대부분 네오콘이 되었다. 둘째, 이들이 미국 정부나 영향력 있는 언론계에 포진해 부시 행정부의 외교·안보 정책을 입안하거나 정책 결정자들을 조종했다. 셋째, 그들이 제안한 정책에는 이라크전쟁과 2002년 9월 부시 대통령의 재가를 받은 신(新)외교 전략 원칙 "미국의 국가 안보 전략(The National Security Strategy of the United States of America)"이 포함되어 있다. 이라크전쟁에 대한 스트라우스의 책임을 따지려면 이 가정들을 논리적·경험적으로 입증해야 한다.

그럼에도 스트라우스 책임론을 주장하는 이들은 여전히 스트라우스가 스트라우시언이라는 집단을 만들었는지, 당시 외교 정책에 영향력을 발휘한 네오콘을 스트라우시언이라고 할 수 있는지, 스트라우시언이라고 알려진 사람들은 어떤 면에서 스트라우스 정치철학을 대변하는지에 대해서 확실한 답을 내놓지 못하고 있다(Zuckert & Zuckert, 2006: 8-15).

현실주의와 이상주의의 불협화음

'스트라우스 스캔들'이 무성할 무렵 미국 언론은 스트라우스와 그를 추종하는 현실 정치 실천가들이 자유주의 가치를 실현하기 위해 매우 이례적인 외교 정책 노선을 택하고 있다며 목소리를 높였다. 이에 따르면 스트라우시언 외교 정책의 궁극적 목적은 자유주의적 가치의 전 세계적 확산이었고, 스트라우스와 스트라우시언은 마치 마키아벨리언(Machiavellian)처럼 이를 위해 온갖 수단을 동원할 수 있다고 봤다. 즉 자유주의적 가치 실현이라는 이상을 위해 폭력 사용은 물론이고 거짓이나 조작도 허용했다는 것이다.

이러한 해석에 따르면 스트라우시언 외교 정책 노선은 이라크에 대량 살상 무기가 존재하는지, 사담 후세인(Saddam Hussein)과 알카에다(al-Qaeda) 간 직접적 관련성이 있는지와 무관하게 이라크전쟁이 자유주의 확산에 기여할 수 있다고 판단되면 대중을 대상 삼는 '고상한' 거짓말이나 여론 조작도 용인한다.

저명한 스트라우스 연구자 캐서린 저커트(Catherine Zuckert)는 당시 언론이 스트라우스에게 '플라톤적 이상주의자'의 이미지와 '마키아벨리적 현실주의자'의 이미지를 절묘하게 뒤집어씌웠다고 해석한다(Zuckert & Zuckert, 2006: 8-15). 플라톤과 마키아벨리가 스트라우스 정치철학에서 핵심 역할을 하는 사상가임은 분명하다. 그러나 스트라우스의 플라톤, 스트라우스의 마키아벨리가 자유주의적 가치에 대한 맹목적 추구, 그것도 수단과 방법을 가리지 않는 광신주의를 대변한다고 보기는 어렵다.

스트라우스 연구자 대부분은 스트라우스의 정치철학이 시대에 한정된 주제보다는 보편적이고 초역사적인 주제, 예컨대 '정치와 철학의 갈등', '이성과 계시의 대립', '고대와 근대의 투쟁' 등에 초점을 맞췄다고 파악한다. 이들에 따르면 플라톤과 마키아벨리의 조합으로 이뤄진 스트라우스의 대중적 이미지는 그의 정치철학이 내포한 단편적 요소를 확대 해석한 것에 불과하다.

그러면 이라크전쟁 당시의 대중적 평가나 언론의 편협한 시각과 구분되는, 진정 스트라우스 정치철학과 궤적을 같이하는 외교 정책 노선은 무엇인가? 그 답은 외교 정책에 대한 스트라우스 본인의 직접적 언급이 없기 때문에 대단히 제한적으로 이루어질 수밖에 없다. 그러나 스트라우스의 고전 연구에 드러난 국제정치관을 통해 스트라우시언 외교 정책의 단면을 발견할 수 있다. 이에 따르면 스트라우스의 외교 정책 노선은 이상주의와 현실주의의 조화라고 할 수 있다. 좀 더 구체적으로 말하자면 스트라우스는 대담한 현실주의에서 후퇴한 절제된 현실주의, 대담한 이상주의에서 후퇴한 신중한 이상주의를 목표로 삼았다. 하나씩 살펴보자.

절제된 현실주의

고전정치철학의 신봉자로서 스트라우스의 외교 정책을 추론하기에 가장 적절한 자료는 ≪국가와 인간(City and Man)≫(1964)이다. 이 저서는 기본적으로 아리스토텔레스의 ≪정치학≫, 플라톤의 ≪국가≫, 투키디데스의 ≪펠로폰네소스 전쟁사≫에 대한 스트라우스의 정치철학적 해석을 곁들인 주석서다. 정치철학과 정치적 실천의 관계에 대한 스트라우스의 입장을 가장 잘 보여 주는 저작이다.

스트라우스는 고전정치철학에서 발견되는 대외 관계의 가장 기본적인 원칙이 공동체의 생존과 독립임을 확인한다. 스트라우스는 이 원칙이 너무나 자명해, 아리스토텔레스를 포함한 모든 "고대 정치철학자는 정치 공동체의 대외 관계(외교 정책)보다는 정치 공동체의 내부 구조에 더 관심을 보인다"고 지적한다.

언뜻 보면 이러한 언급은 고전정치철학이 대외 관계에서 도덕적 요소를 고려하지 않고 배타적 국익만을 추구한 것처럼 해석된다. 그러나 스트라우스는 "훌륭한 국가의 영토 크기는 그 국가의 온건한 필요"에 의해서만 결정된다고 지적한다. '온건한 필요'란 아리스토텔레스의 목적론에 부합하는, 자족적 공동체가 생존 가능한 만큼의 크기를 의미한다.

훌륭한 국가의 대외 관계에서 관건은 자족적 공동체의 자기보존에 필요한 영토의 적정한 크기를 알아낼 수 있는 실천적 지혜다. 따라서 지각 있는 국가는 자기보존에 불필요한 확장, 예컨대 팽창적 제국주의의 노선을 취하지 않는다.

투키디데스를 논평하는 대목에서 외교 정책 노선에 대한 스트라우스의 입장을 더욱 직접적으로 엿볼 수 있다. 스트라우스는 투키디데스에게서 현실주의자의 면모를 발견한다. 그러나 스트라우스는 투키디데스의 현실주의에 두 가지 측면이 있다고 해석한다. 하나는 강자가 지배하고 정복할 자연적 권리, 즉 힘에 바탕을 둔 자연권을 갖는다는 현실주의고, 다른 하나는 힘에 바탕을 둔 행위가 지속 가능하지 않다는 현실주의다. 후자는 강자가 힘만 믿고 무제한적 팽창주의를 추구한다면 결코 자신의 안전을 담보할 수 없다는 현실주의다. 스트라우스는 투키디데스 전쟁사가 아테네 제국의 쇠퇴를 설명하는 과정에서 무절제한 팽창이 필연적으로 내부 균열을 불러와 국가의 쇠퇴를 초래한다는 결론을 내렸다고 해석한다(Strauss, 1964: 145-154).

고전 저서들에 대한 스트라우스의 해석에서 공통으로 드러나는 외교 정책 노선은 기본적으로 국가가 자기보존이라는 목적에 충실해야 하며, 이를 위해 어느 정도 이익 추구가 필요하지만 무제한적 팽창은 바람직하지 않다는 것이다. 공동체의 궁극적 목적은 국가의 팽창이 아니라 시민 개개인의 좋은 삶에 있고, 무절제한 팽창은 필연적으로 내부의 균열을 불러와 국가의 쇠퇴를 초래할 것이기 때문이다. 자기보존을 강조하는 스트라우스의 외교 정책이 일견 단순한 현실주의로 보일 수도 있다. 그러나 스트라우스의 외교 정책은 국가가 존재하는 궁극적 목적이 구성원들의 좋은 삶 추구라는 점을 분명히 전제하며, 이로 인해 국가가 무제한적 팽창을 추구하는 외교 정책을 자제하게 된다고 본다는 특징이 있다(박성우, 2012: 174-182).

신중한 이상주의

스트라우스의 외교 정책 노선을 파악할 수 있는 또 다른 근거는 그의 근대적 이상주의 비판에서 찾을 수 있다. 스트라우스에 따르면 고대의 이상주의는 이상의 실현이나 완성을 목표로 삼기보다는 바람직한 상태에 대한 기준을 설정하고 현실적으로 그것을 향한 실천적 지혜를 발휘할 공간을 제공하는 정치적 태도를 의미한다(Strauss, 1964: 137-138). 예컨대 철인왕을 모태로 하는 이상 국가 기획은 액면 그대로 철학자가 왕이 되는 국가를 만들겠다는 것이 아니라, 그러한 국가가 바람직하지만 현실적으로는 실현 불가능하며 어떠한 대안이 필요한지 구체적 상황에서 고민해 보라고 촉구하는 역할을 한다.

반면 근대적 이상주의는 인간 이성에 대한 강한 믿음에 기초한다. 인간 이성이 정념에 의해 제한되는 상황의 극복을 과제로 삼으며, 결국 계몽주의를 통해 이성의 자기한계가 극복되었다고 주장한다. 그러나 스트라우스는 이러한 주장이 착각이라고 지적한다. 그 대신 인간 이성의 한계를 인정하는 것이 어리석은 파멸을 막을 길이라고 경고한다.

스트라우스는 제2차 세계대전이 전개되던 당시 상황에 중요한 선택은 제국주의와 제국주의의 완전한 폐기 사이 선택이 아니라, 상대적으로 온건한 영미식 제국주의와 도저히 용인할 수 없는 주축국(Axis State)의 제국주의 사이 선택이었다고 주장한다(Strauss, 2007: 520).

근대적 유토피아주의는 영구 평화를 희망하는 어리석음이다. 스트라우스는 정치철학이 인간의 희망에 한계가 있음을 경고하고, 그릇된 희망에 기초한 정치 이념에 맞서 합리적 정책을 수호하는 역할을 해야 한다고 주장한다. 합리적 정책을 지키려면 근대적 유토피아주의에 가려진 진실, 즉 세상의 악은 계몽을 통해서도 완전히 제거할 수 없으므로 때로는 전쟁을 통한 억제가 불가피하다는 현실을 직시해야 한다는 것이다(Strauss, 2007: 525-526).

스트라우스의 실천적 노선은 도덕적 선명성만을 추구하는 이상주의적 외교 정책 노선과 유사해 보인다. 그러나 스트라우스의 도덕적 선명성은 영구 평화에 대한 무분별한 희망과 분명히 구분된다. 근대적 이상주의를 비판하는 스트라우스 외교 정책 노선의 특성은 이상을 부정하거나 맹목적으로 추종하는 대신 이상을 추구하는 방식에 신중을 기하는 데 있다.

스트라우스의 관점에서 전 세계를 민주 국가들의 연합체로 재구성하려는 외교 정책은 민주주의의 확산이라는 명목으로 시행되든 민주 평화론의 이름으로 시행되든 모두 부정적으로 평가될 것이다. 인간 본성이 변하지 않는 한 영원한 진보에 대한 희망은 포기해야 한다는 것이 스트라우스 외교 정책 노선의 토대이기 때문이다.

참고문헌

박성우(2012). "이라크 전쟁의 레오 스트라우스 책임론에 대한 정치철학적 비판". ≪국제지역연구≫, 21(1).

Strauss, L.(1964). Chs. 2, 3. *The City and Man*. Chicago: University of Chicago Press.

Strauss, L.(2007). What Can We Learn from Political Theory?. *Review of Politics, 69*(4).

Tarcov, N.(2006). Will the Real Leo Strauss Please Stand Up?. *The American Interest, 2*(1).

West, T. G.(2004). Leo Strauss and American Foreign Policy. *Claremont Review of Books, 4*(Summer), pp. 13-16.

Zuckert, C. H. & Zuckert, M.(2006). *The Truth about Leo Strauss: Political Philosophy and American Democracy*. Chicago: University of Chicago Press.

레오 스트라우스(Leo Strauss, 1899~1973)

1899년 독일의 작은 마을 키르히하인(Kirchhain)에서 태어나 유대인 교육을 받았다. 1921년 에른스트 카시러의 지도 아래 박사 학위를 받았으며, 에드문트 후설과 마르틴 하이데거 등의 영향을 받았다. 1930년대 초 록펠러재단의 지원으로 토머스 홉스의 정치철학 연구를 진행했고, 1935년에는 중세 유대인 철학자 마이모니데스에 대한 연구서로 ≪철학과 법≫을 출판했다. 미국 망명 후 1937년부터 컬럼비아대학교에서 강의를 했고, 이후 뉴스쿨에서 약 10년간 그리고 시카고대학교에서 약 18년간 정치철학을 강의했다. 1950년 이후 활발하게 저술 활동을 하며 ≪정치철학이란 무엇인가≫, ≪자연법과 역사≫, ≪국가와 인간≫, ≪플라톤 정치철학 연구≫ 등 많은 저서를 남겼다. 그의 사상은 1960년대와 1970년대 미국 정치학계를 풍미했고, 현재까지 그의 학풍을 이어받은 학자들이 정치사상과 정치철학 분야에 큰 영향력을 행사하고 있다.

박성우

서울대학교 외교학과를 졸업하고 동 대학원에서 석사 학위를 받았다. 미국 시카고대학교에서 아렌트, 니체, 스트라우스의 관점에서 플라톤 정치철학을 재조명한 연구로 박사 학위를 받았다. 중앙대학교 조교수, 부교수를 지냈다. 현재 서울대학교 정치외교학부 교수로 재직 중이고, 서울대학교 국제정치사상센터장을 맡고 있다. 연구 분야는 고전정치철학과 국제정치사상이며, 양 분야의 학제적 결합을 모색하는 연구 영역도 개척하고 있다. 단독 저서로는 ≪국가: 플라톤≫(2022), ≪영혼 돌봄의 정치: 플라톤 정치철학의 기원과 전개≫(2014)가 있으며, 책임 편집한 책으로 ≪동굴 속의 철학자들≫(2021), ≪정치사상사 속 제국≫(2019) 등이 있다. 스트라우스와 관련된 논문으로 "스트라우스의 니체 해석을 통해 본 스트라우스 정치철학의 의도", "레오 스트라우스의 플라톤주의", "이라크 전쟁의 레오 스트라우스 책임론에 대한 정치철학적 비판" 등이 있다.